Second stage French
A BBC Radio course to follow *Ensemble*

Book 1   Programmes 1–10

Course Designer   Madeleine Le Cunff
Birkbeck College,
University of London

Producer   Susan Paton

BRITISH BROADCASTING CORPORATION

Sur le vif is a second stage French course consisting of
20 half-hour Radio programmes

PROGRAMMES 1–10

First broadcast from October 1976, Radio 3 and 4

An LP record and tape cassette containing identical material
accompany this book and can be obtained through booksellers
or direct from BBC Publications, PO Box 234, London SE1 3TH

A set of multi-lithed Tutor's Notes accompanies the course.
It costs £2.75 inclusive of postage and may be obtained from:
The Language Centre, Brighton Polytechnic, Falmer, Brighton,
BN1 9PH, Sussex

Text illustrations by Harley Bishop
Maps and diagrams by David Brown and Hugh Ribbans

Published to accompany a series of programmes prepared in
consultation with the BBC Continuing Education Advisory Council

Published by the British Broadcasting Corporation
35 Marylebone High Street London W1M 4AA

ISBN 0 563 16065 9
First published 1976. Reprinted 1976, 1979, 1980, 1982 (twice), 1983, 1984
© Madeleine Le Cunff and the British Broadcasting Corporation 1976

Printed in England by Jolly & Barber Ltd, Rugby, Warwickshire

This book is set in 10pt Univers Medium 689 Monophoto

Contents

Introduction

Sur le vif is a follow-up course to *Ensemble,* the tv and radio French course for beginners, and is the second stage in a three-year cycle of French courses for adults. Although *Sur le vif* is designed for those who have followed *Ensemble,* it is also suitable for anyone who wants to brush up or extend a basic knowledge of French.

Why Sur le vif?

All the interviews and conversations you will be hearing in the programmes were recorded 'sur le vif' – that is, they were made 'on the spot' in France, with people speaking spontaneously and naturally. The recordings in programmes 1–10 were made in and around Poitiers, home-town of the two interviewers, Claude Sauvage and Gérard Lécuellé. The topics of conversation were specially chosen so that the language likely to be used would include certain key structures which would form the basis of each programme. But don't worry if you don't catch every word! The important thing is to master the key structures in the boxes at the beginning of each chapter – if you grasp them, you will be making real progress.

Notre Dame la Grande, Poitiers

The programmes

During the broadcasts you will hear the recorded interviews and dialogues, and new key structures will be explained. (The first programmes of *Sur le vif* will include revision of material from *Ensemble.*) Each programme will include an extended interview mainly for comprehension – you may find it helpful to read the *Compréhension* questions before you listen to the interview for the first time.

One of the aims of *Sur le vif* is to help you understand spoken French. But it's just as important for you to be able to express yourself in everyday situations. For this reason, you'll be given plenty of opportunity to *practise* what you're learning in the programmes. It would be even better if you could practise your French with other people – with a friend or at a further education class.

The books

The two books which accompany *Sur le vif* are not textbooks of French grammar. They are guides to understanding what French people are saying when they are talking naturally. Each chapter begins with the key structures you should concentrate on during the programme. The texts of most of the conversations follow, with a list of some of the phrases used and their English equivalents. These are translations of the phrases as they occur in that particular context. There are also notes on the key structures, with examples from the conversations, followed by background information in French on aspects of life in France which arise from what is said in the recordings. A dictionary would be a help when reading these notes. Finally there are exercises to consolidate what you have learnt with a key to the exercises and a French-English vocabulary at the end of the book.

The LP Records/Cassettes

The two LP records and cassettes which accompany the course contain identical material: selections from the conversations heard in the broadcasts. They will be particularly helpful when you are revising – but of course you can also prepare for each broadcast by listening to the relevant conversations in advance.

How to use the course

If possible, prepare for the programme by listening to the record or cassette, and read through the dialogues beforehand – if you prefer, use the book and the record for further practise after the broadcast. Try to listen to both the original broadcast and its repeat broadcast, and after each programme go through the *Exercices.*

Linked classes

Sur le vif is designed as a comprehensive course for listeners studying at home, but since the best way to get a grip on a language is to meet together and speak it, we recommend that whenever possible students join a further education class – you can find out whether there is a class in your area by contacting the Local Education Authority. A list of centres running linked classes will be available on written request to:

> BBC Linked Language Classes (30/CE)
> BBC Broadcasting House, London, W1A 1AA

Details of residential courses linked to *Sur le vif* may be obtained from the same address. Please enclose a large stamped addressed envelope.

The optional achievement test

You can check how much progress you have made by taking a voluntary assessment test administered by the University of Cambridge Local Examinations Syndicate. If you are going to a linked class, ask your tutor about entering. Otherwise, you can get an entry form by writing to the Cambridge Local Examinations Syndicate, 17 Harvey Road, Cambridge CB1 2EU as from 1 November 1982, enclosing a stamped addressed envelope. The closing date for the test is 31 December 1982.

Pourquoi Poitiers?

C'est une ville de province d'importance moyenne pour la France. Elle a moins de 100,000 habitants. Située à 340 km de Paris, elle est en dehors de la zone d'attraction de la capitale.

Poitiers est aujourd'hui en pleine expansion: ville surtout administrative et universitaire jusqu'à une époque récente, elle s'industrialise de plus en plus.

C'est aussi une métropole régionale: ancienne capitale du Poitou, elle est maintenant le centre de la région Poitou-Charentes qui comprend quatre départements (Charente – Charente-Maritime – Deux-Sèvres – Vienne).

Pour le touriste, c'est une étape culturelle et gastronomique sur la route de l'Espagne – la variété et la richesse de ses monuments méritent même plus qu'un détour! Elle est aussi située au coeur d'une région très pittoresque, haut-lieu de l'art roman *(romanesque art)*.

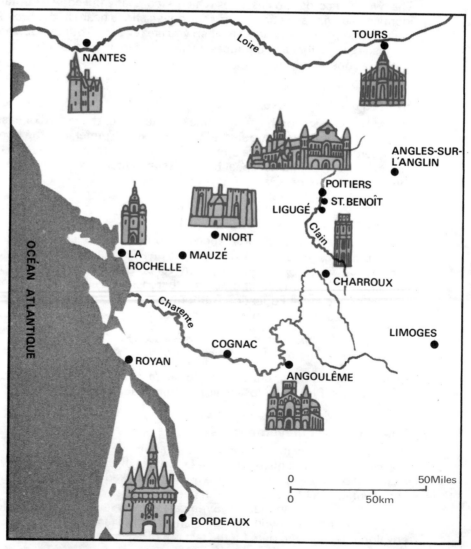

Etes-vous de Poitiers?
Ways of asking questions

Est-ce que vous habitez Poitiers?	
Qu'est-ce que vous buvez habituellement?	

Vous venez souvent ici?

Où	
Quand	mangez-vous?
A quelle heure	
Pourquoi	

1

Claude Sauvage et Gérard Lécuellé, nos reporters à Poitiers, sont dans un café, Le Continental, en face de la gare. Un des clients est chef de publicité dans une usine.

Claude	Excusez-moi, monsieur, êtes-vous de Poitiers?
Le client	Je suis de Poitiers mais je ne suis pas d'origine poitevine. Je suis d'origine parisienne.
Claude	Où habitez-vous?
Le client	Dans un petit village aux environs de Poitiers.
Claude	Et Poitiers vous plaît?
Le client	Ah, c'est une ville que j'adore.
Claude	Qu'est-ce que vous faites comme métier?
Le client	Je suis chef de publicité pour les piles, les piles Leclanché.
Claude	Vous venez ici souvent?
Le client	Je viens assez souvent, le patron est un ami, plus exactement l'ami d'un autre ami.
Claude	A quelle heure de la journée le plus souvent?
Le client	Le soir, assez tard, après des réunions.
Claude	Et qu'est-ce que vous buvez en général?
Le client	Eh bien, ça dépend des heures. A l'heure de l'apéritif, je bois du whisky et je prends un café par jour après déjeuner.
Claude	Qu'est-ce que vous préférez?
Le client	En été, quand il fait très chaud, j'aime bien les apéritifs anisés comme le Pernod ou le Ricard. Mais généralement, je bois un alcool avec de l'eau. Du whisky par exemple.

d'origine poitevine/parisienne	*born in Poitiers/Paris*
les piles Leclanché	*batteries manufactured by the Leclanché factory in Poitiers*
le plus souvent	*most often*
anisés	*with an aniseed base*
le Pernod/le Ricard	*brand names of two types of pastis (see Informations)*

2

Une femme boit un apéritif: elle attend son mari.

Claude	Vous venez souvent ici?
La cliente	De temps en temps. Avec mon mari.
Claude	Jamais seule, alors?
La cliente	Non.
Claude	Et que buvez-vous?
La cliente	Un petit apéritif.
Claude	Quand même!
La cliente	Oui. Un petit Raphaël.
Claude	Mais vous buvez toujours de l'alcool?
La cliente	Oh non, quelquefois, le dimanche.
Claude	Vous habitez loin d'ici?
La cliente	A cinq cents mètres, à peu près, de la gare.
Claude	Et où travaillez-vous?
La cliente	Je ne travaille pas. Je suis mère de famille.
Claude	C'est un beau métier. Combien d'enfants avez-vous?
La cliente	Six enfants. Quatre filles, deux fils.
Claude	Et maintenant, que faites-vous?
La cliente	Eh bien, nous allons chez des amis passer la soirée.
Claude	Avec votre mari?
La cliente	Oui, bien sûr!

quand même!	*really!*
c'est un beau métier	*that's a worthwhile job*
nous allons chez des amis passer la soirée	*we're going to visit some friends for the evening*

3

Un habitué du Continental travaille à la gare, juste en face . . .

Gérard	Excusez-moi, monsieur, qu'est-ce que vous buvez?
Le client	Un Berger blanc menthe.
Gérard	Qu'est-ce que c'est?
Le client	Du Berger blanc, pastis avec un petit fond de menthe.
Gérard	C'est bon?
Le client	Ah oui.
Gérard	A quelle heure venez-vous d'habitude?
Le client	Vers onze heures et demie le matin, et vers sept heures et demie le soir. Et je repars à une heure du matin.
Gérard	Qu'est-ce que vous prenez le soir?
Le client	Toujours l'apéritif, des fois je mange.
Gérard	Et le matin, vous ne venez jamais?
Le client	Ah non, le matin non, je travaille.
Gérard	Où est-ce que vous travaillez?
Le client	A la S.N.C.F.
Gérard	C'est loin d'ici?
Le client	C'est en face.
Gérard	Vous y allez à pied?
Le client	Ah oui.
Gérard	Et vous venez dans ce café pourquoi?
Le client	Parce que c'est près de mon travail.
Gérard	Vous venez seul ou avec des amis?
Le client	Ah je viens seul la plupart du temps.

8

Berger blanc menthe	*Berger (brand name of a pastis)*
	with mint cordial
un petit fond de	*with a dash of*
la S.N.C.F.	*French Railways* (see *Informations*)

4
Cette étudiante attend un train – elle boit 'des' cafés.

Claude Qu'est-ce que vous faites ici?

La cliente Je suis étudiante à Poitiers en Sciences Economiques, en première année.

Claude Où habitez-vous?

La cliente J'habite en Cité Universitaire à Descartes.*

Claude Mais ce n'est pas votre résidence principale?

La cliente Ah non, non. J'habite entre Niort et La Rochelle, un petit village qui s'appelle Mauzé-sur-le-Mignon, c'est à cent kilomètres de Poitiers.

Claude Pourquoi êtes-vous dans ce café ce midi?

La cliente Tout simplement parce que j'attends un train.

Claude Qu'est-ce que vous buvez en général?

La cliente Des cafés, toujours des cafés.

Claude Jamais d'alcool?

La cliente Ah non, pas du tout, jamais.

Claude Et vous venez souvent dans ce café?

La cliente Bof . . . deux ou trois fois . . . non.

Claude Toute seule ou avec des amis?

La cliente Toute seule, parce que j'attends toujours des trains.

* Descartes (1596–1650) philosophe et mathématicien né en Touraine non loin de Poitiers.

en Sciences Economiques	*reading Economics*
en Cité Universitaire à Descartes	*in the Descartes hall of residence*
résidence principale	*permanent home*

Compréhension

Ce jeune homme préfère la bière . . .

1 Qu'est-ce que ce client fait dans la vie?
2 Est-ce qu'il vient souvent à Poitiers?
3 Est-ce qu'il boit de la bière française?
4 Pourquoi est-ce qu'il mange un sandwich?
5 Où est-ce qu'il habite?
6 C'est à combien de kilomètres de Poitiers?
7 Pourquoi est-ce qu'il a choisi ce café?

Claude Excusez-moi monsieur, qu'est-ce que vous faites dans la vie?

Le client Je suis étudiant en droit, à Bordeaux.

Claude Est-ce que vous habitez Poitiers?

Le client Non, j'habite Cognac.

Claude C'est loin de Poitiers?

Le client Environ cent vingt kilomètres.

Claude Et vous venez souvent à Poitiers?

Le client Non, c'est la première fois.

Claude	Qu'est-ce que vous buvez habituellement?
Le client	De la bière.
Claude	Quelle bière?
Le client	De la pression, de la bière pression. De la bière allemande.
Claude	Jamais d'alcool autrement?
Le client	Oh si, ça m'arrive assez souvent!
Claude	Et qu'est-ce que vous mangez?
Le client	Aujourd'hui, enfin, maintenant? Un sandwich, parce que je n'ai pas très faim.
Claude	Pourquoi ce café?
Le client	C'est le premier que j'ai vu en sortant de la gare.

Explications

1
Asking questions

The way you phrase a question depends on the type of answer you want or expect. If you only want a yes/no answer you can:

● raise the pitch of your voice at the end of the sentence. The word order stays the same as if you're making a statement, but the intonation changes:

Vous mangez ici?
Vous venez souvent ici?   Oui/non
Vous habitez Poitiers?

● leave the word order unchanged and make the question clear by using **est-ce que** at the beginning of the sentence. This is the commonest way of asking a question in spoken French:

Est-ce que | vous mangez ici?
| vous habitez Poitiers? | Oui/non

● change the word order and put the verb first. This way of asking a question is more formal:

Mangez-vous souvent ici?
Venez-vous souvent ici?   Oui/non

● If you want more details, or a more precise answer, you can begin with:

Où
A quelle heure
Comment   **est-ce que**   vous travaillez?
Pourquoi
Quand

or you can reverse the normal word order, for example:

Où **travaillez-vous?**
Quand **travaillez-vous?**

● If you want to know what something is, you ask:

Qu'est-ce que c'est?

or who someone is:

Qui est-ce?

10

or how many:

Combien d'enfants avez-vous?

2
Answering the questions 'when?' and 'how often?'

↑ jamais
  rarement
  des fois
  quelquefois
  de temps en temps

  une fois   │   │ jour
  deux fois   │ par   │ semaine
  trois fois   │   │ mois
                │   │ an

  assez │
  très   │ souvent
  d'habitude
  généralement
▼ toujours

But there's always a first time: *C'est la première fois!*

Times of the day

precisely	*more precisely*	*very precisely*
le matin	vers sept heures le matin	à neuf heures (9 h) du matin
le midi	vers midi	à midi
le soir	vers sept heures le soir	à dix heures (10 h) du soir

Informations

Les cafés sont ouverts toute la journée. Ils ouvrent très tôt le matin et ferment tard ou même très tard le soir. Vous pouvez boire n'importe quoi à n'importe quelle heure: un cognac, un petit rhum à 6 h du matin . . . sauf si vous êtes mineur (si vous avez moins de 18 ans).

Un apéritif

C'est une boisson qui stimule l'appétit. On le prend
avant le déjeuner à midi, ou le soir avant le dîner
vers 7h. Par extension, *l'apéritif* est le moment de la
journée précédant les deux principaux repas.
Quelqu'un peut vous donner rendez-vous à l'heure
de l'apéritif (12.00 – 12.30, 7.00 – 8.00h).
Les apéritifs les plus consommés en France sont des
boissons alcoolisées à base d'anis comme le pastis
et le pernod. Le 'Pastis de Marseille' a conquis la France entière et se boit
partout avec de l'eau et des glaçons. Si vous offrez l'apéritif à la maison
vous servez une sélection de boissons alcoolisées (du Raphaël,
du Dubonnet . . .) et des biscuits salés ou des olives ou des petits fours . . .
et même des chips (*crisps*). L'apéritif est un moment délicieux l'été
au soleil . . . mais ne vous attendez pas à boire du sherry ou du vin rouge à
l'heure de l'apéritif!

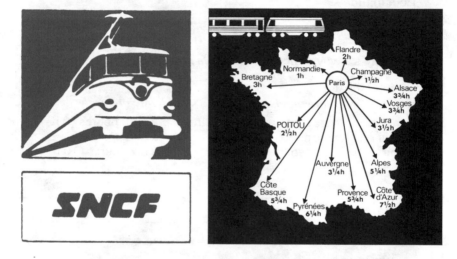

S.N.C.F.

Société Nationale des Chemins de fer Français. Le réseau ferroviaire français
ressemble à une toile d'araignée centrée sur Paris. La S.N.C.F. étant un
service public, certaines catégories de personnes voyagent à tarif réduit – les
familles nombreuses, les étudiants, les militaires, les retraités, par exemple.

Une résidence universitaire

On l'appelle aussi 'la Cité Universitaire' ou 'la Cité U'. Elle regroupe les
chambres, les restaurants, et ne se trouve pas nécessairement à proximité des
locaux de travail.

Parisien – Poitevin

Selon la région où ils habitent, les Français sont aussi des Alsaciens
(L'Alsace), des Auvergnats (L'Auvergne), des Bretons (La Bretagne), des
Charentais (Les Charentes), des Normands (La Normandie) . . . et, selon la
ville où ils sont nés: des Arrageois (Arras), des Biterrois (Béziers), des
Bordelais (Bordeaux), des Castelroussins (Châteauroux), des Niçois (Nice),
des Niortais (Niort), des Toulousains (Toulouse), des Tourangeaux (Tours).

Cognac est la capitale du cognac. Un cognac de bonne qualité porte les initiales V.S.O.P. (*Very Special Old Pale*). Le Prix Cognac est une décoration attribuée aux mères de familles nombreuses ('ce beau métier' selon Claude).

Exercices

1

Imagine yourself in *Le Continental* – some of the regulars are being questioned about their habits (you can see from the key what these are).

. vient de temps en temps	✕ repas	à 🕐 (après midi)
.. vient assez souvent	⋔ vient seul	
... vient souvent		à 🕐 (avant midi)
.... vient très souvent	⋔⋔ vient avec des amis	

Here are the regulars – they all live within easy walking distance of the café:

Boileau, C. Epicier, 36, boulevard Pont-Achard. ✕ .... ⋔ 🕐

1 **Bouresse, J.** Photographe, 15, rue des Ecossais. ✕ . ⋔⋔ 🕐

2 **Chaumière, R.** Dentiste, 3, rue Gambetta. ... ⋔ 🕐

3 **Fâcheux, P.** Coiffeur, 58, boulevard de Verdun. ✕ .. ⋔⋔ 🕐

4 **Mariel, J.** Médecin, 21, rue Bourbeau. . ⋔ 🕐

5 **Villesange, Mlle A.** Professeur de danse, 8, rue Thibaudeau. ✕ ... ⋔ 🕐

For example, Monsieur Boileau is being asked about his habits:
Qu'est-ce que vous faites dans la vie? Je suis épicier.
Où habitez-vous? J'habite trente-six, boulevard Pont-Achard.
Est-ce que vous mangez-ici? Oui, je mange ici.
Vous venez ici souvent? Oui, je viens très souvent.
Vous venez seul, ou avec des amis? Je viens seul.
A quelle heure venez-vous? A huit heures du soir.

Now what answers would *you* give to the same questions if you were in the place of the other customers?

2

You're in a pub in Poitiers' twin town – Northampton. The girl next to you has a definite French *'je ne sais quoi'* about her. You decide to chat her up and try out your skills in French . . .

Vous   Bonsoir, mademoiselle.
          (ask her if she comes here often)
Elle   Oui, de temps en temps.
Vous   (does she come alone or with friends?)
Elle   Quelquefois seule, quelquefois avec des amis.
Vous   (what does she drink?)
Elle   Des jus de fruit, toujours des jus de fruit.
Vous   (never any alcohol?)
Elle   Ah non, jamais.

Vous	(*you order a drink for her.* Two fruit juices please! You ask her whether she is from Paris)
Elle	Non, je suis de Poitiers.
Vous	(is Poitiers far from Paris?)
Elle	Trois cent cinquante kilomètres à peu près.
Vous	(does she like Poitiers?)
Elle	C'est une ville que j'adore.
Vous	(what does she do for a living?)
Elle	Je suis journaliste.
Vous	(why does she come here?)
Elle	Pour faire un sondage "sur le vif"!
Vous	(what's that?)
Elle	Excusez-moi, monsieur, mon ami arrive . . . merci pour le jus de fruit. Bonne soirée . . .
Vous	Euh . . . Bonsoir, mademoiselle!

3

You're a reporter in Poitiers, working on a 'Sur le vif' opinion poll.

Recommandations aux Enquêteurs   SUR LE VIF

Notre sondage est un sondage <u>DIFFERENT</u>.
Pourquoi SUR LE VIF?
Parce que nous allons voir les gens là où **ils vivent,** là où **ils travaillent.** Nous leur posons des questions sur **leur vie de tous les jours,** sur leurs attitudes et opinions.
SANS PREPARATION AUCUNE! Nous voulons parler aux Français et écouter ce qu'ils ont à dire!
N.B. Les réponses à nos questions resteront *anonymes.*

Le chef des recherches

You interview Mme Ducachet, M. Ledoux, M. Viray, Mlle Rovilois and M. Chabert and you ask them what they eat and/or drink, how often they come to the café, whether they are from Poitiers and what they do for a living. Their answers are noted on the chart, but

a   What are the actual questions you ask?
     e.g. Mme Ducachet, qu'est-ce que vous buvez?

b   What answers do they give you?
     e.g. (*Mme Ducachet*): Je bois un café crème.
                        Je mange des croissants.
                        Je viens ici une fois par semaine.
                        J'habite Poitiers.
                        Je suis secrétaire.

Nom	Boissons	Repas	Fréquences/ Moments	Domicile	Profession
Mme Ducachet	un café crème	des croissants	une fois par semaine	Poitiers	secrétaire
M. Ledoux	du vin blanc	rien	souvent	Poitiers	retraité
M. Viray	un Ricard	rien	le midi	Chauvigny	technicien
Mlle Rovilois	un café	un sandwich	quelquefois	Bordeaux	étudiante
M. Chabert	du vin rouge	un steak-frites	rarement	Rennes	commerçant

4

Find the six 'words' in VIF.

1 Vous habitez............................?
2 Non, j'habite aux ....de Poitiers.
3 Quand est-ce que vous venez.............?
4 Ce café vous....................?
5 Quelles sont vos boissons...........................?
6 Combien de.............par jour venez-vous ici?

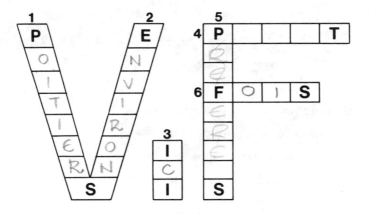

Vous travaillez ici?

Asking more questions and getting more precise answers

Qui	boit de l'alcool?
	voyage par avion?

Quel genre de clientèle fréquente votre café?

Quelles matières enseignez-vous?

Vos collègues, **comment sont-ils?**

Comment est-ce que vous venez à votre travail?

Qu'est-ce que c'est qu'un . . .?

1

Claude et Gérard ont fait un petit sondage sur les Poitevins au travail. Ils sont d'abord retournés au café 'Le Continental'. Les clients y vont avant ou après leur travail mais la Patronne, elle, est là pour travailler . . .

Claude	Quel genre de clientèle fréquente votre café?
La Patronne	Le matin des ouvriers, à midi des habitués au repas, et l'après-midi des étudiants, le soir – c'est diversifié finalement le soir, avec des arrivées de train.
Claude	Et qui boit de l'alcool en général?
La Patronne	Les adultes, quand même, les gens d'un certain âge.
Claude	Est-ce que le midi il y a davantage de personnes qui boivent des apéritifs?
La Patronne	Oui. Euh . . . des apéritifs, enfin de l'alcool.
Claude	Est-ce que les jeunes boivent beaucoup d'alcool?
La Patronne	Ah, non! Non, je trouve qu'il y a vraiment une baisse.
Claude	Alors ils boivent des jus de fruit ou des cafés?
La Patronne	Oui, des cafés, des jus de fruit mais pas d'alcool, pas vraiment, non.
Claude	Est-ce que les ouvriers du matin prennent un petit déjeuner?
La Patronne	Oui.
Claude	Des sandwiches par exemple?
La Patronne	Oui, ça existe, oui. Des sandwiches. Même avec du vin.
Claude	Du vin le matin?
La Patronne	Oui, un sandwich avec un verre de vin. Ça existe chez nous!

quel genre de clientèle?	*what sort of customers?*
c'est diversifié	*it varies*
d'un certain âge	*middle aged*

2

Beaucoup de Poitevins ne travaillent pas dans le centre-ville. Pour avoir une idée de ce qui se passe à la périphérie de Poitiers, Claude et Gérard sont d'abord allés voir M Colasson qui est cadre supérieur. Il travaille à l'aéroport de Poitiers-Biard à l'ouest de Poitiers.

Claude	Vous travaillez ici? Qu'est-ce que vous faites?
M. Colasson	Je suis responsable commercial de la Chambre de Commerce sur l'aéroport.
Claude	Qui voyage par avion?
M. Colasson	Il y a deux catégories de personnes qui voyagent par avion: il y a les hommes d'affaires qui prennent surtout les lignes intérieures, et il y a les touristes qui voyagent soit en France, soit à l'étranger.
Claude	Est-ce qu'il y a beaucoup de monde?
M. Colasson	Nous avons à peu près vingt-quatre mille personnes qui passent sur l'aéroport de Poitiers.
Claude	C'est beaucoup!
M. Colasson	Mais ça n'est pas encore assez!
Claude	Vous aimez votre travail?
M. Colasson	Oui, c'est très plaisant, nous travaillons avec des gens très sympathiques, les passagers sont agréables et nous avons également toujours l'impression de partir en vacances nous aussi.

3

Une marchande de fruits et légumes qui travaille à St Cyprien, quartier sud de Poitiers, parle à Claude de son travail sur les marchés.

Claude	Bonjour, madame, vous travaillez ici?
La marchande	Eh oui, tous les jours, enfin toutes les semaines plus exactement. Tous les jours dehors.
Claude	Qu'est-ce que vous faites?
La marchande	Je vends des légumes, et des fruits.

Claude	Mais vous vendez à l'extérieur?
La marchande	Oui, sur les marchés.
Claude	Il doit faire très froid pour travailler dehors?
La marchande	Ah il fait assez froid, mais enfin on a des petits braseros pour se chauffer les mains.
Claude	Ah, qu'est-ce que c'est, les braseros?
La marchande	Eh bien un brasero, c'est un grand récipient avec trois pattes, et puis du bois et puis ça chauffe très bien.
Claude	Comment est-ce que vous venez à votre travail?
La marchande	Je viens en camion.
Claude	Et vos collègues, comment sont-ils?
La marchande	Assez sympathiques dans l'ensemble.
Claude	Qu'est-ce que vous aimez faire après le travail?
La marchande	Tout. Le ménage, la vaisselle, le raccommodage, du tricot, et aussi la télévision, après.

sur les marchés	*in market-places*
se chauffer les mains	*to warm one's hands*
un grand récipient avec trois pattes	*a large container with 3 legs*
(faire) le ménage	*(to do) housework*

Compréhension

Madame Robin est professeur dans un C.E.S., c'est-à-dire un Collège d'Enseignement Secondaire à Buxerolles au nord de Poitiers. C'est une femme dynamique qui n'a pas peur de reprendre Gérard!

1 Quelles matières est-ce qu'elle enseigne?
2 Comment va-t-elle au C.E.S.?
3 Comment sont ses élèves?
4 Est-ce que ses collègues sont plus jeunes ou plus âgés qu'elle?
5 A quelle heure est-ce qu'elle termine son travail le matin?
6 Que fait-elle en dehors de ses heures de travail?

Gérard	Vous êtes de Poitiers?
Mme Robin	Non, je suis parisienne.
Gérard	Vous habitez actuellement à Poitiers?
Mme Robin	Depuis mille neuf cent soixante-huit.
Gérard	Qu'est-ce que vous faites comme travail?
Mme Robin	Je suis professeur de lettres dans un C.E.S.
Gérard	Qu'est-ce que c'est qu'un C.E.S.?
Mme Robin	Un C.E.S. est un collège d'enseignement secondaire, qui reçoit des enfants depuis la sixième, jusqu'à la troisième.
Gérard	Où enseignez-vous?
Mme Robin	J'enseigne au C.E.S. de Buxerolles, un des faubourgs de Poitiers.
Gérard	Vous y allez en voiture?
Mme Robin	J'y vais en voiture quand mon mari peut m'emmener et à bicyclette autrement, car il n'y a pas un seul autobus.
Gérard	Tous les jours?
Mme Robin	Tous les jours. Quatre fois par semaine.
Gérard	Vous êtes une grande sportive!
Mme Robin	Non, mais cela me détend!
Gérard	Quelles matières enseignez-vous?
Mme Robin	J'enseigne le français, le latin et le grec.
Gérard	Est-ce que vos élèves sont gentils?
Mme Robin	Oh, très gentils.
Gérard	Vous n'avez pas de problèmes avec eux?
Mme Robin	Aucun problème dans ce coin de Poitiers. Beaucoup moins que dans la ville.
Gérard	Et vos collègues, comment sont-ils?
Mme Robin	Bien, j'ai des collègues beaucoup plus jeunes que moi, je suis la plus vieille de l'établissement.
Gérard	Vos rapports avec votre directeur, sont-ils bons?
Mme Robin	Oui, les rapports avec mon directeur sont bons, mais en C.E.S. on ne dit pas 'un directeur', on dit, 'un principal'.
Gérard	Pardon, madame! A quelle heure commencez-vous votre travail?
Mme Robin	Je commence mon travail à huit heures et demie, et je finis à midi et demi le matin, je recommence à deux heures et demie, quelquefois jusqu'à cinq heures et demie.
Gérard	Et en dehors de vos heures de travail, que faites-vous?
Mme Robin	Je lis, je corrige mes copies, je fais des mots croisés, je joue aux cartes, je joue au tennis.

1
Who? Which? What?

● If you want to find out *who* does something, you start your question with 'qui':

Qui boit de l'alcool? Les gens d'un certain âge.
Qui voyage par avion? Les touristes.

and more colloquially:

| Qui est-ce qui | boit de l'alcool? |
| | voyage par avion? |

● If you want precise information about things (*which? what?*) you start your question with quel:

Quel sport	
Quels livres	préférez-vous?
Quelle saison	est-ce que vous préférez?
Quelles matières	

n.b. Quel âge avez-vous? *(How old are you?)*

● If you want very precise information about something, you ask:

Qu'est-ce que c'est qu'un C.E.S.?
Un C.E.S., qu'est-ce que c'est?

The simple answer is: 'c'est un collège d'enseignement secondaire', but you can make the definition clearer and introduce more information by using qui:

C'est un collège d'enseignement secondaire qui reçoit des enfants depuis la sixième jusqu'à la troisième.

Les hommes d'affaires sont des voyageurs qui prennent surtout des lignes intérieures.

2
Saying what other people do

With many verbs the forms used with il/elle, or ils/elles usually *sound* the same as the je form, but the ils/elles endings *look* different:

je travaille, il/elle travaille, ils/elles travaill**ent**
j'aime, il/elle aime, ils/elles aim**ent**

Some other commonly used verbs don't follow this pattern, for example boire and prendre:

Est-ce que	vous **buvez** du café?		Oui,	je **bois** du café.
	Madame Morin **boit** de la bière?			elle **boit** de la bière.
	les ouvriers **boivent** de l'alcool?			ils **boivent** de l'alcool.
	vous **prenez** du thé?			je **prends** du thé.
	Monsieur Lapouge **prend** du vin?			il **prend** du vin.
	les clients **prennent** du whisky?			ils **prennent** du whisky.

For a fuller list of 'irregular' verbs see pp 114–115.

3

Comment est-ce que vous venez à votre travail? Je viens en camion.

There are set phrases for describing different means of transport. You can travel:

en	avion train bateau voiture bus car	**à**	pied cheval bicyclette vélomoteur (*moped*)

You can also say: **par** | avion
le train

4

Y is used to avoid repeating expressions of place (except those introduced by **de**). It comes immediately before the verb:

Vous allez **au C.E.S.** en voiture? Non j'**y** vais à bicyclette.
Est-ce que votre mari va souvent **à Paris?** Il **y** va de temps en temps.

Informations

Un sondage

C'est une enquête[1] qui a pour but de révéler les opinions, les attitudes des individus sur un problème comme le divorce, ou sur un aspect de leur vie – leur travail par exemple.

Un sondage est représentatif quand les personnes interrogées, celles à qui les questions sont posées, sont choisies, sélectionnées à cause de leur sexe, de leur âge, de leur profession, de leur niveau d'études . . . Ce groupe de gens ou témoins constitue un échantillon.[2]

APPRENEZ
L'ANGLAIS, L'ALLEMAND, L'ESPAGNOL
par les **MÉTHODES AUDIO-VISUELLES**

Ces langues sont enseignées par des moyens audio-visuels les plus modernes : salle de projection, laboratoire de langues...

Renseignements et inscriptions :
- **ASFO (86)**, 35, rue du Marché, **POITIERS**
- **CHAMBRE DE COMMERCE ET D'INDUSTRIE**
  35, rue du Marché, **POITIERS** - Tél. : **41.24.36**

La chambre de commerce défend, dans chaque département, les intérêts du commerce et de l'industrie. Son rôle est aussi de développer le tourisme, de créer des aéroports et des lignes aériennes.

Si vous voulez suivre des cours du soir[3] en France, c'est souvent à la chambre de commerce qu'il faut vous adresser.

---

1 *survey*   2 *sample*   3 *evening classes*

Un C.E.S. (Un **C**ollege d'**E**nseignement **S**econdaire) est le premier cycle[1] de l'enseignement secondaire. Il s'arrête à la classe de 3ème; c'est-à-dire qu'après quatre ans d'études (6ème, 5ème, 4ème, 3ème, de 11 ans à 14/15 ans environ) les élèves quittent le C.E.S. pour aller dans un autre établissement scolaire (Lycée, Collège d'Enseignement Technique . . .). La scolarité est obligatoire jusqu'à 16 ans en France. Les professeurs enseignent une ou plusieurs matières selon qu'ils sont agrégés[2], certifiés[3], ou instituteurs.[4] Les Agrégés enseignent une seule matière et font quinze heures de cours par semaine, les autres davantage.

1 *first stage* 2 *the Agrégation is the highest diploma in the French educational system.* 3 *qualified as secondary school teachers* 4 *primary school teachers*

Exercices

1

A l'aéroport de Poitiers
You're early for your flight to London-Gatwick. You meet a businessman and start talking.
What's *your* half of the conversation?

AEROPORT

POITIERS-BIARD

Vous	Lui
1 .... ?	Je suis Directeur commercial aux Etablissements 'Frigérêve' de Poitiers.
2 .... ?	Oui, je suis un homme d'affaires.
3 .... ?	Oui, je voyage beaucoup.
4 .... ?	Le plus souvent en France, quelquefois à l'étranger.
5 .... ?	Non, je ne voyage pas toujours en avion. Je voyage quelquefois en train et souvent en voiture.
6 .... ?	Je pars de Poitiers à 7 h 30.
7 .... ?	J'arrive à Lyon à 9 h 00.
8 .... ?	Je reviens ce soir à 21h30 par l'avion qui part de Lyon à 20h.
Bon voyage!	Merci, à vous aussi!

2

Some things you just can't translate word for word! How would you sort out the following mixed-up definitions for your very confused French friend?

Qu'est-ce que c'est qu'un . . .

Eh bien:

a a hot little number?	1 c'est un instrument de torture qui peut tuer un homme.
b an old battle axe?	2 c'est un récipient avec quatre pattes qui contient de l'argent.
c a big eater?	3 c'est un homme qui plaît aux femmes.
d an Iron Maiden?	4 c'est une femme qui n'est pas très sympathique.
e a lady killer?	5 c'est une jeune femme qui plaît aux hommes.
f a piggy bank?	6 c'est une personne qui mange beaucoup.

3

Un sondage SUR LE VIF: Les Français et leur travail.

Once again you're conducting a survey – this time it's on work. You've been interviewing five people about what they do for a living and their attitude towards it. Here are the people you interviewed, and the information each gave you:

Nom et profession	Moyen de transport utilisé	Durée du trajet	Durée de la journée de travail matin – soir	Le travail	Les collègues
M. Bonnard plombier	bicyclette	quelques minutes	7h30 – 7h	fatigant	gentils
Mlle Delétang coiffeuse	vélomoteur	un quart d'heure	8h – 7h	agréable	sympathiques
M. Verger boulanger	—	3 minutes	4h – 11h	épuisant	jeunes
Mme Marceau professeur	bus	un quart d'heure à une demi-heure	8h30 – 5h30	intéressant	dynamiques
M. Sylvestre chef de publicité	voiture	une demi-heure à une heure	9h – 5h	intéressant	sympathiques

If M. Bonnard answered the questions as follows:

Qu'est-ce que vous faites comme travail?   Je suis plombier.
Comment est-ce que vous allez à votre travail?   J'y vais à bicyclette.
Combien de temps dure le trajet?   Le trajet dure quelques minutes.

A quelle heure commencez-vous votre travail?   Je commence mon travail à sept heures et demie le matin.

Et quand est-ce que vous terminez le soir?   A sept heures le soir.
Comment trouvez-vous votre travail?   C'est fatigant.
Et comment sont vos collègues?   Ils sont gentils.

a   How did   1   Mme Marceau
                2   M. Verger answer the same questions?

b   What was the question to which:

    1   M. Sylvestre replied: *Ils sont sympathiques.*
    2   M. Verger replied: *C'est épuisant.*
    3   Mlle Delétang replied: *J'y vais à vélomoteur.*

c   1   Combien de personnes trouvent leurs collègues sympathiques?
    2   Combien de personnes trouvent leur travail "fatigant"?

d   1   Qui travaille le plus? (en nombre d'heures)

4

Your work has taken you to France for a year, and since you're the cautious type, you feel the need to take out some kind of insurance cover. *Sécur-France* has been recommended to you and you visit their office. The receptionist there was extremely helpful. What are the questions she asked you and how did you answer them?

1 .... ?
2 .... ?

3 .... ?
4 .... ?
5 .... ?
6 .... ?
7 .... ?
8 .... ?

DEMANDE D'ADHÉSION
à retourner à SÉCUR-FRANCE
2, Rue Colette   86000 Poitiers

Je soussigné:

Nom FOX   Prénom DANIEL

Adresse en France métropolitaine
39 RUE CARNOT, POITIERS

Date de naissance 18·2·1918
Nationalité BRITANNIQUE
Nbre d'enfants 2
Profession TECHNICIEN
Profession du conjoint ARTISTE
Profession des enfants 1) PROFESSEUR
                        2) DENTISTE

désire adhérer à SÉCUR-FRANCE pour 1 an à dater de ce jour

En règlement de ma cotisation, je vous adresse la somme de 180 F français
☑ par chèque (ci-joint)

Daniel Fox

Signature de l'adhérent ✂

5a

Jean-François is looking for a job – here are the answers he gives the interviewer at the Employment Exchange (*l'Agence de l'Emploi*). What questions does the interviewer ask?

L'employée		Jean-François
1 .... ?		Non, je suis Bordelais.
2 .... ?		Oui, j'habite Poitiers depuis 1974.
3 .... ?		J'ai 22 ans.
4 .... ?		En ce moment je suis chômeur, mais en réalité je suis mécanicien.

Désolée, monsieur, il n'y a rien pour vous!

5b

Next time, Jean-François is in luck – there's a job waiting for him, but he needs to know more about it. Fill in the missing part of the conversation.

L'employée	Monsieur, il y a quelque chose pour vous.
Jean-François	1 ....?
L'employée	C'est un poste de livreur de bagages.
Jean-François	2 ....?
L'employée	A l'aéroport de Poitiers-Biard.
Jean-François	3 ....?
L'employée	Vous commencez à 8h lundi matin.
Jean-François	4 ....?
L'employée	Le soir vous terminez à 16h30.
L'employée	5 ....?
Jean-François	Non, je n'ai pas de voiture.
Jean-François	6 ....?
L'employée	Oui, il y a un bus qui part de la Place de l'Hôtel de Ville à 7h le matin.

Vous avez	un	car	le	matin	à	dix heures
Il y a		train		soir		neuf heures
		avion				

Vous devez	prendre . . .
Vous pouvez	continuer . . .
Il faut	demander . . .

1

Claude doit aller à Ligugé, une petite ville
à dix kilomètres environ de Poitiers.
Claude a rendez-vous avec le père
hôtelier de l'Abbaye, mais sa voiture est
en panne. Elle doit donc se renseigner sur
les horaires des trains et des cars . . .

Problème n° 1 (numéro un): A l'Office du
Tourisme, elle ne peut pas acheter son
billet.

Claude	Bonjour, madame.
L'hôtesse	Bonjour, madame.
Claude	Pouvez-vous me donner les renseignements pour aller à Ligugé s'il vous plaît?
L'hôtesse	Oui. Vous avez deux possibilités, les autobus ou le train. Un petit instant. Vous avez un train le matin à dix heures, un train pour revenir sur Poitiers à deux heures de l'après-midi et un train pour aller à Ligugé à quatorze heures, pour revenir à seize heures. Alors, vous avez un autobus le matin à neuf heures et qui revient sur Poitiers le soir à six heures trente – dix-huit heures trente exactement.
Claude	Combien de temps dure le trajet, s'il vous plaît?
L'hôtesse	Par le train cinq minutes, en autobus un quart d'heure.
Claude	C'est direct?
L'hôtesse	C'est direct.
Claude	Bien. Est-ce que je peux prendre le billet ici, s'il vous plaît?
L'hôtesse	Non, absolument pas. Ou bien vous trouverez les billets des autobus à la gare routière, ou pour le train, à la gare S.N.C.F.
Claude	Je vous remercie beaucoup, madame.

donner des renseignements	to give information
les horaires de train	train timetables
qui revient sur Poitiers	which comes back to Poitiers
vous trouverez	you will find
la gare routière	the coach station

2

Problème n° 2: A la gare routière, il n'y a pas d'horaires, pas de bureau de renseignements; mais heureusement, elle rencontre un chauffeur de car:

Claude	Bonjour, monsieur.
Chauffeur	Bonjour, mademoiselle.
Claude	Qu'est-ce que je dois faire pour aller à Ligugé, s'il vous plaît?
Chauffeur	Alors, prendre le car de Charroux.
Claude	A quelle heure part le car?
Chauffeur	Attendez – aujourd'hui, en période scolaire, il part à quinze heures cinquante.
Claude	Je vous remercie beaucoup, monsieur.

en période scolaire   *during the school term*

3

Problème n° 3: Dans une agence de voyage Claude achète son billet de train – mais les horaires ne sont pas les mêmes qu'à l'Office du Tourisme!

L'employé	Madame, mademoiselle?
Claude	Oh, madame, mais ça n'a aucune importance!
L'employé	Bon.
Claude	Quels sont les moyens pour aller à Ligugé, s'il vous plaît?
L'employé	Alors, pour aller à Ligugé vous prenez le train.
Claude	Quels sont les horaires?
L'employé	Les horaires. Alors, pendant la semaine on part à cinq heures cinquante-six, et on arrive à Ligugé à six heures deux.
Claude	Oui, et il n'y en a pas d'autres?
L'employé	Mais certainement, madame. A douze heures vingt-sept.
Claude	Douze heures vingt-sept?
L'employé	Oui.
Claude	Bien! Mais, est-ce que j'ai un train pour le soir? Pour revenir sur Poitiers?
L'employé	Oui, je regarde. C'est à six heures deux le départ, et vous arrivez à six heures huit à Poitiers.
Claude	Le soir?
L'employé	Oui, le soir.
Claude	Vous pouvez me donner le prix du billet, s'il vous plaît?
L'employé	Mais certainement. Vous voyagez en première ou en deuxième classe, madame?
Claude	Ah, deuxième classe, moi.

L'employé	En deuxième classe, bien.
Claude	Toujours.
L'employé	Vous prenez un aller-simple, ou un aller-retour?
Claude	Avec le retour autant que possible.
L'employé	Alors, cela vous fait quatre francs pour l'aller et retour.
Claude	Est-ce que je peux prendre le billet ici, s'il vous plaît?
L'employé	Mais certainement, madame.
Claude	Un aller-retour pour Ligugé, en deuxième classe.
L'employé	Oui. Voilà, madame, votre billet.
Claude	Merci. Et voilà.
L'employé	Merci, attendez, je vais vous rendre la monnaie. Voilà.
Claude	Merci beaucoup. Au revoir, monsieur.

ça n'a aucune importance	*that doesn't matter at all*
un aller-simple	*single ticket*
un aller-retour/un aller et retour	*return ticket*
autant que possible	*if possible*
cela vous fait	*that comes to*
rendre la monnaie	*to give change*

4

*Problème n° 4: Finalement, un ami de Claude lui propose
de l'accompagner à Ligugé en voiture. Tant pis pour le
billet de train! A St. Benoît ils demandent leur chemin.
Les indications sont un peu vagues . . .*

Claude	Excusez-moi, monsieur, pour aller à Ligugé, s'il vous plaît?
Un passant	Bien . . . je crois qu'il faut continuer par cette route, enfin, qui passe sur le pont, et ensuite tourner à gauche.
Claude	Je vous remercie beaucoup.

5

*Problème n° 5: A Ligugé enfin! Mais il y a des travaux:
la route est barrée et il faut prendre un autre chemin.
Claude demande la direction à deux femmes qui ne sont
pas du tout d'accord!*

Claude	Excusez-moi madame, pour aller à l'abbaye, s'il vous plaît?
Une des passantes	Vous allez retourner là . . . si, pour l'abbaye ils ne peuvent pas passer! Mais non, ils vont monter à l'école libre. Vous allez venir là. Eh! Ecoutez, vous allez passer cette route là; vous allez tourner à droite. Vous descendez rue de la Chaîne, une route qui descend en face de la Mairie et c'est là. Juste en face de l'abbaye, là.

l'école libre   *the Church school*

6

Tout est bien qui finit bien. On y est presque!
(Pour en savoir plus . . . lisez le chapitre 8).

Claude   Excusez-moi, monsieur, pour aller à l'abbaye, s'il vous plaît?
Un passant   L'abbaye – vous filez tout droit, la première route à gauche.
Claude   Merci beaucoup.

Compréhension

Claude veut maintenant aller à la Z.U.P. des Couronneries.[1] Elle est à pied. On lui donne des renseignements à l'Office du Tourisme à Poitiers.

1 Quel bus doit-elle prendre pour aller à la Z.U.P. des Couronneries?
2 A quelle heure part le premier bus?
3 Où est-ce qu'elle peut acheter son ticket?

Claude   Pouvez-vous m'indiquer les numéros des bus qui vont à la Z.U.P. Couronneries, s'il vous plaît?
L'employé   C'est bien facile; vous prenez le numéro dix, et vous allez directement depuis huit heures du matin, jusqu'à la Z.U.P. des Couronneries avec des départs tous les quarts d'heure.
Claude   Alors, c'est la ligne numéro dix.
L'employé   Il y a la ligne numéro dix principale, et il y a également la ligne numéro neuf pour une partie. Le numéro est inscrit sur le bus, devant le bus.
Claude   Je paie comment, par ticket ou avec de l'argent?
L'employé   Vous pouvez payer directement au chauffeur avec de l'argent, vous pouvez donner un ticket que vous achetez dans un bureau de tabac.
Claude   Très bien, je vous remercie beaucoup.

1 *A big housing estate* (see *Informations*)

Explications

1
Asking how to get to a place

If you want to go somewhere, you can ask:

Pour aller	à Ligugé à l'abbaye à la Z.U.P. au syndicat d'initiative au Havre aux Baux	s'il vous plaît?

● Answers you may get *if you need transport*:

Vous avez Il y a	un train un car un avion des bus	le matin l'après-midi le soir	à dix heures à cinq heures à neuf heures

- General directions you may be given *if you're on foot or in a car*:

vous continuez (vous filez)
vous tournez
vous traversez

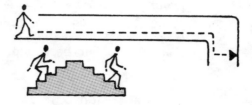

vous montez/vous descendez

- Precise directions:

Vous allez | à gauche, à droite
| tout droit (*straight on*)
| en face (*opposite*)

- Very precise directions:

Vous prenez la première rue (route) à gauche
ensuite la deuxième rue à gauche
et puis la dernière rue à droite

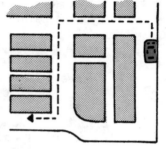

2
Asking what you must do
Qu'est-ce que **je dois** faire
pour aller à Charroux?

Vous devez prendre/continuer
Il faut demander . . .

3
Asking what's possible
Est-ce que **je peux** prendre le billet ici, s'il vous plaît?

the answer you may get:

Non, | vous **ne** pouvez **pas.**
| **il faut** aller à la gare S.N.C.F.
| **vous devez** aller à la gare routière.

4
And if you want to be shown or told
Pouvez-vous **m'**indiquer ....?
Vous pouvez **me** montrer ....?
Est-ce que vous pouvez **me** dire ....?

Informations

Un ticket/un billet
Quand vous prenez le train, vous achetez un billet (aller simple/aller-retour première (1ère) ou deuxième (2ème) classe). Pour voyager en autocar vous devez aussi acheter un billet. Vous achetez également un billet de cinéma, de théâtre, de Loterie Nationale. Si vous voyagez en bus (interurbain) ou en

métro vous avez besoin de tickets que vous pouvez acheter en carnets (un carnet de tickets contient 10 tickets). Si votre voyage ne va pas plus loin que le quai de la gare, vous achetez un ticket de quai (*platform ticket*).

Un horaire

C'est l'heure de départ et d'arrivée d'un train, d'un avion. C'est aussi la brochure que distribuent la S.N.C.F., les compagnies aériennes ou les agences de voyage. L'horaire complet des Chemins de fer Français s'appelle le Chaix.

Ligugé est une petite ville située à une dizaine de kilomètres au sud de Poitiers. Son abbaye a été fondée au IV ème siècle par Saint Martin. Ligugé est aussi appréciée de nos jours pour son calme, sa verdure, sa rivière.

La Z.U.P.

Les **Z**ones à **U**rbaniser en **P**riorité sont des quartiers neufs situés à l'extérieur des villes. Ils ont en général un centre commercial, une ou deux écoles, des immeubles collectifs[1] et des maisons individuelles.[2] A la Z.U.P. on peut habiter une H.L.M. (Habitation à Loyer Modéré),[3] ou on peut être propriétaire[4] d'une maison individuelle.

1 *blocks of flats* 2 *detached houses* 3 *a type of council flat* 4 *owner occupier*

1
You and your friends are on holiday in Poitiers and would like to do some sightseeing further afield. How does the man in the tourist office deal with your queries or requests? For example:

Le train de 10h47 arrive à quelle heure à Libourne, s'il vous plaît?
Il arrive à douze heures trente-six.

DÉPARTS

En direction de TOURS-PARIS-AUSTERLITZ

1 h 33 Express 4825/4824. Circule les lundis sauf les 10 nov. 75, 19 avril 76. Circule en outre, les 12 nov. 75 et 20 avril 76. Châtellerault, 1 h 55 ; Tours, 2 h 39 ; Paris, 6 h 01.

5 h 49 Omnibus n° 7040, 1re et 2e cl. Arrivée Châtellerault, 6 h 26 ; Tours, 7 h 32.

7 h 09 Rapide n° 4060, 1re et 2e cl. Châtellerault, 7h 27 ; Saint-Pierre-des-Corps, 8 h 00 ; Paris, 9 h 58.

8 h 50 Rapide n° 4040, 1re et 2e cl. Sauf dimanches et fêtes. Châtellerault, 9 h 09 ; Saint-Pierre-des-Corps, 9 h 42 ; Paris, 11 h 32.

9 h 48 T.E.E. 2 « Aquitaine », 1re cl. supplément obligatoire. Circule sauf samedis, dimanches et fêtes. Arrivée Paris, 12 h 08.

11 h 22 Rapide n° 168, « Drapeau », 1re et 2e cl. Avec supplément. Châtellerault, 11 h 41 ; Saint-Pierre-des Corps, 12 h 15 ; Paris, 14h 05.

12 h 04 Omnibus n° 7042, 1re et 2e cl. Arrivée Châtellerault, 12 h 42 ; Tours, 13 h 49.

En direction d'ANGOULEME-BORDEAUX

1 h 56 Rapide n° 313 « Ibéria Express ». Ne prend de voyageurs en 2e cl. que pour Bordeaux et au-delà ; sans conditions pour les titulaires des titres I et III. Angoulême, 2 h 58 ; Bordeaux, 4 h 15 ; Irun, 7 h 51.

5 h 50 Omnibus n° 7061, 1re et 2e cl., sauf dimanches e. fêtes. Angoulême, 7 h 30 ; Bordeaux, 9 h 09 (omnibus jusqu'à Angoulême). Ne s'arrête pas à Ligugé.

9 h 24 Rapide n° 4001, 1re et 2e cl., sauf dimanches et fêtes. Angoulême, 10 h 18 ; Bordeaux, 11 h 34.

10 h 03 T.E.E. n° 5, « Etendard », 1re cl. Sauf dimanches et sauf les 10, 11 nov., 25, 26 déc. 75, 1er, 2 janv., 19 avril, 28 et 29 mai 76. Accessible avec supplément. Angoulême, 10 h 51 ; Bordeaux, 11 h 57.

10 h 47 Rapide n° 161, 1re et 2e cl., avec supplément. Angoulême, 11 h 41 ; Libourne, 12 h 36 ; Bordeaux, 13 h 00.

11 h 53 Rapide n° 307, 1re et 2e cl. Angoulême, 12 h 48 ; Bordeaux, 13 h 59 ; Bayonne, 15 h 54 ; Irun, 17 h 08. Voitures directes sur Tarbes. Arrivée, à 17 h 20.

12 h 15 Omnibus n° 7063, 1re et 2e cl., sauf samedis. Angoulême, 13 h 54.

17 h 24 Omnibus n° 7067, 2e cl. Limité à Vivonne. Sauf mercredis, samedis, dimanches et fêtes, et sauf du 29 oct. au 2 nov., du 21 déc. 75 au 4 janv. 76, du 8 au 15 fév. et du 21 mars au 4 avril 76. Saint-Benoît, 17 h 29 ; Ligugé, 17 h 33 ; Iteuil, 17 h 39 ; Vivonne, 17 h 45.

| to run (train) | circuler |
| to stop (train) | s'arrêter |

1 A quelle heure part le train qui arrive à Paris à 9h58, s'il vous plaît?
2 Pour être à Bordeaux entre 10h et 12h, en semaine, quel(s) train(s) faut-il prendre, s'il vous plaît?
3 Pour aller à Châtellerault le matin par le train, s'il vous plaît?
4 Est-ce qu'il y a un train qui arrive à Angoulême juste avant 14h le samedi, s'il vous plaît?
5 Un billet 2ème classe pour Angoulême par le train de 1h56, s'il vous plaît.
6 Un billet 1ère classe pour Paris par le train de 9h48, pour dimanche prochain, s'il vous plaît.
7 Un billet 2ème classe pour Ligugé par le train de 5h50, s'il vous plaît.
8 Est-ce qu'il y a un train pour aller à Ligugé le mercredi vers 17h, s'il vous plaît?

2

Five business-men are in a travel agency enquiring about flights. What answer does each one get to his question? For example:

Est-ce que je peux aller directement à Toulon en avion, s'il vous plaît?
Non, vous devez passer par Lyon.

Est-ce qu'il y a un avion pour Lyon le matin, s'il vous plaît?
Oui, il y a un avion le matin à sept heures et demie.

HORAIRES			
Vols quotidiens sauf samedi, dimanche et mois d'août			
AU DEPART DE POITIERS			
Départ	**Arrivée**	**Villes d'arrivée**	**Via**
21 45	22 15	LA ROCHELLE	
08 15	10 35	LONDRES GATWICK	Tours
07 30	09 00	LYON	
20 40	21 55	LYON	
07 30	10 30	MONTPELLIER	Lyon
07 30	10 50	NANCY	Lyon
07 30	10 30	NICE	Lyon
07 30	12 15	TOULON	Lyon

1 Est-ce qu'il y a un avion pour Montpellier le soir, s'il vous plaît?
2 Pouvez-vous m'indiquer les horaires Poitiers-Nancy en avion, s'il vous plaît?
3 Est-ce qu'il y a un avion Poitiers-Nice le dimanche, s'il vous plaît?
4 Combien de temps dure le trajet Poitiers-La Rochelle en avion, s'il vous plaît?
5 Est-ce que je peux aller à Bordeaux en avion, s'il vous plaît?

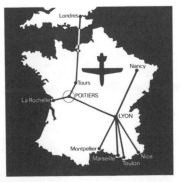

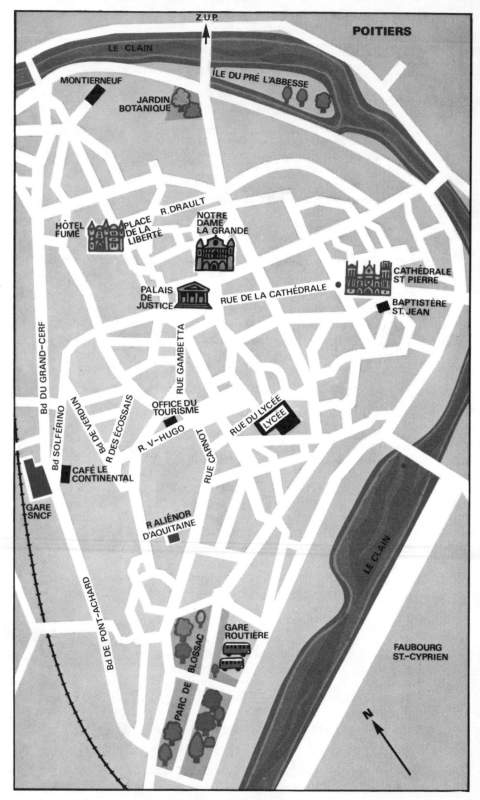

POITIERS

Z.U.P.

LE CLAIN

ÎLE DU PRÉ L'ABBESSE

MONTIERNEUF

JARDIN
BOTANIQUE

R. DRAULT

HÔTEL
FUMÉ

PLACE
DE LA
LIBERTÉ

NOTRE
DAME
LA GRANDE

CATHÉDRALE
ST PIERRE

PALAIS
DE
JUSTICE

RUE DE LA CATHÉDRALE

BAPTISTÈRE
ST. JEAN

Bd DU GRAND-CERF

RUE GAMBETTA

Bd SOLFÉRINO

Bd DE VERDUN

R DES ÉCOSSAIS

OFFICE DU
TOURISME

RUE DU LYCÉE

LYCÉE

R. V-HUGO

RUE CARNOT

CAFÉ LE
CONTINENTAL

GARE
SNCF

R ALIÉNOR
D'AQUITAINE

Bd DE PONT-ACHARD

PARC DE BLOSSAC

GARE
ROUTIÈRE

LE CLAIN

FAUBOURG
ST.-CYPRIEN

N

3

You know Poitiers extremely well (study the map if you don't!)

a   People keep asking you the way, and you're only too willing to help. What do you say if:

1   you're standing outside the cathedral in the rue de la Cathédrale and someone asks the way to the Palais de Justice?
2   as you're coming out of the gare S.N.C.F., someone asks for the Parc de Blossac?
3   you're at the Hôtel Fumé, and someone asks for the Jardin Botanique?

b   As you're walking down the rue Aliénor d'Aquitaine towards the rue Carnot, three people ask you for directions. This is what you told each person – but what was the question each asked you?

1   Vous tournez à gauche, puis vous prenez la deuxième rue à droite et vous filez tout droit. C'est à droite.
2   Vous tournez à droite et vous continuez tout droit.
3   Vous tournez à gauche, vous prenez la première rue à gauche, et c'est à droite.

Vue aérienne de Poitiers.

Comment sont-ils?

Describing people and things

Comment est-**elle**?	**Elle** est frisé**e** **Elle** n'est **pas** très grand**e** **C'est une jeune** femme **charmante**
Comment est-**il**?	**Il** mesure à peu près 1m80 **C'est un** homme **charmant**

1

C'est au tour de Claude Sauvage d'être interviewée. Elle décrit Jacques, son mari et Estelle, sa fille . . .

Claude	Voici Jacques, en décontracté avec blue jeans. Il mesure à peu près un mètre quatre-vingts . . . des cheveux bruns, une paire de lunettes. Il joue au bridge, au tennis aussi, aux échecs de temps en temps avec moi, et il gagne toujours. Il fait la course à pied le dimanche matin et, ma foi, il regarde la télévision souvent. Et voici Estelle, qui a deux ans, et qui est aussi en décontracté avec les fesses à l'air. Elle est frisée, avec les cheveux demi-longs, elle a les yeux noisette, et elle n'est pas très grande.
Mme Renaud	Et vous, Madame Sauvage, comment êtes-vous?
Claude	Ah je suis plutôt petite, brune, avec des cheveux très frisés. Des petits yeux bruns, et quelquefois aussi des lunettes. Je porte souvent un pantalon.
Mme Renaud	Qu'est-ce que vous aimez comme distractions?
Claude	Eh bien, aussi le bridge, les échecs évidemment. La gymnastique et quelquefois du tissage, quand j'ai le temps, et le cinéma, pas souvent. C'est tout.
Mme Renaud	Vous êtes de Poitiers?
Claude	Non, je ne suis pas de Poitiers. Je suis parisienne.
Mme Renaud	Vous êtes à Poitiers depuis longtemps?
Claude	Depuis deux ans seulement.

en décontracté	*casually dressed*
il fait (de) la course à pied	*he goes cross-country running*
ma foi	*good heavens*
les fesses à l'air	*with a bare bottom*
(faire) du tissage	*to do weaving*

2

Maintenant Jacques taquine Claude et son amie Marie-Claire.

Jacques	Oh ma femme est une jeune femme charmante, de petite taille, brune, avec les yeux rieurs et les cheveux bouclés.
Marie-Claire	Que faites-vous comme travail?
Jacques	Je suis technicien en télévision et radio.
Marie-Claire	Et votre femme?
Jacques	Ma femme ne fait rien! Ma femme travaille à la maison. C'est le rôle naturel des femmes!

de petite taille   *small*

3

Claude montre son appartement à Mme Renaud.

Mme Renaud	Qu'est-ce que vous avez comme appartement?
Claude	J'ai un F3, salle de bains, cuisine et w.c.
Mme Renaud	Je peux visiter votre appartement?
Claude	Bien sûr! Nous allons commencer par la salle de séjour qui est à votre gauche en entrant. C'est une grande pièce de dix-neuf mètres carrés. Par terre, il y a de la moquette, mais c'est très difficile à entretenir. Ensuite, eh bien vous voyez les meubles: une bibliothèque, un bureau, un canapé, et une table évidemment, au milieu avec quatre chaises. Et comme appareils, une télévision et un électrophone. On a une belle vue – il n'y a rien en face que des petites maisons individuelles.

un F3   *a 3 room flat (see Informations)*
la moquette   *fitted carpet (see Informations)*

Compréhension

Claude montre la chambre de sa fille à Mme Renaud.

1 Comment est la chambre d'Estelle?
2 Quels sont les meubles qui s'y trouvent?
3 Comment sont ces meubles?
4 Quel est le jouet préféré d'Estelle?
5 Comment est ce jouet?
6 Pourquoi Estelle ne va-t-elle plus à l'école?
7 Selon Claude, quels sont les avantages de son quartier?

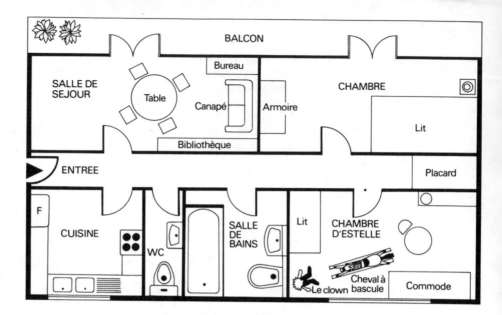

Claude	Voici la pièce la plus animée et la plus encombrée. C'est la chambre d'Estelle. Il y a un lit avec des barreaux, il est blanc, une commode avec trois tiroirs, une toute petite table basse pour Estelle, avec un tout petit siège, un cheval à bascule, beaucoup de jouets, et évidemment un petit oiseau. Voilà! Son jouet préféré est pour l'instant le clown, qui a une tête toute rousse et des grands pieds noirs.
Mme Renaud	Estelle va-t-elle à l'école dans votre quartier?
Claude	Oui, mais elle ne va plus à l'école maintenant parce qu'elle est trop fatiguée, alors je la garde à la maison. Elle est très nerveuse surtout.
Mme Renaud	Est-ce que votre quartier vous plaît?
Claude	Enormément, parce que j'ai un grand magasin tout à côté qui me rend bien service pour mes courses. De plus, il y a beaucoup de verdure et beaucoup d'espace autour. Et nous sommes tranquilles.

Explications

1

How to describe people and things

When you're asked who somebody is, or what something is, you might give a simple answer:

C'est | Jacques
mon mari
un électrophone

(you use *voici* or *voilà* when you are actually pointing somebody or something out.)

38

You may want to give more precise information:

C'est | **une grande** pièce.
| **une jeune** femme **charmante**.

If you're asked what somebody does for a living, or what somebody is like, you can use **c'est**, but you must not use **un** or **une** after **il/elle est**:

Que fait Jacques dans la vie? | **C'est un** technicien.
| Il est technicien.

Comment est Jacques? | **C'est un** homme charmant.
| Il est charmant.

For *things* it's exactly the same:

Et ce gâteau, comment est-il? | **C'est un** gâteau délicieux.
| **C'est un** bon gâteau.
| Il est bon.

2

Unless you limit your description of people and things to how much they weigh, or how tall they are (*il mesure un mètre quatre-vingts; il pèse soixante dix-huit kilos*), you will have to use *adjectives*:

● Some adjectives (mainly those ending in **e**) stay the same whether you're describing **un** lit (*masc*) or **une** commode (*fem*), **un** homme *or* **une** femme:

un homme	immense
un lit	minuscule
une commode	jaune
une femme	simple

(*n.b.* 'noisette' *and* 'marron' *don't change, even in the plural.*)

● But most adjectives have a masculine and feminine form: **un** appartement **neuf**, but **une** maison **neuve**.

Ways adjectives change:

masc	fem	
supérieur	supérieure	*The pronunciation does not*
extérieur	extérieure	*change, but an **e** is added*
intérieur	intérieure	*for the feminine form.*
séparé	séparée	
excellent	excellente	
grand	grande	*The pronunciation changes –*
mauvais	mauvaise	*adding the **e** means pronouncing*
récent	récente	*the final consonant.*
courant	courante	
bon	bonne	*The pronunciation changes – there is*
ancien	ancienne	*a nasal vowel in the masculine*
moyen	moyenne	*but not in the feminine form.*
collectif	collective	*The feminine is formed by*
neuf	neuve	*changing the final consonant*
luxueux	luxueuse	*and adding an **e**.*

- Some very common adjectives follow a different pattern:

un	**beau**	salon
	vieux	lit
	nouveau	

but the adjective changes before a vowel:

un	**bel**	appartement
	vieil	immeuble
	nouvel	ascenseur

une	**belle**	maison	*The adjective is pronounced the same in*
	vieille	étiquette	*the feminine, whether before a vowel or a*
	nouvelle		*consonant, but is written with a double **l**.*

- Most plurals are formed by adding an **s** to the singular form:

un immeuble neuf   des immeubles neuf**s**
une maison ancienne   des maisons ancienne**s**

but there is no change when the singular ends in **x** or **s**:
un immeuble luxueux – des immeubles luxueux.

- Most adjectives follow the noun, but the ones most frequently used come **before** the noun, for example:

bon – bonne   mauvais – mauvaise
petit – petite   grand – grande
joli – jolie
jeune   vieux – vieil – vieille
beau – bel – belle
nouveau – nouvel – nouvelle
premier – première   dernier – dernière

C'est un immeuble en **mauvais** état, qui a une très **bonne** exposition (*i.e. it gets a lot of sun*).

J'ai une **grande** salle de bains **luxueuse.**
J'habite un **petit** immeuble **neuf.**

The following information about flats (reading *down* the columns) gives some examples of adjectives which agree with:

un aspect/état/**le** chauffage/w.c.   **une** exposition/salle de bains.

LE MARCHE DE L'IMMOBILIER

	CATEGORIES D'APPARTEMENTS	ETAT IMMEUBLE	EXPOSIT.	CHAUF.	S.D.B.	W.C.
Immeubles anciens	SANS CONFORT	mauvais	X	non	non	extérieur
	COURANT	moyen	X	individuel	non	intérieur
	CONFORT	supérieur	bonne	individuel	simple	séparé
Immeubles récents	CONFORT	aspect courant	très bonne	collectif	luxueuse	séparé
	STANDING	grand standing	excellente	collectif	luxueuse	plusieurs

3
How to say what people or things are NOT:

You use $\begin{matrix} \textbf{ne} \\ \textbf{n'} \end{matrix}$ (*verb*) **pas**

Estelle **n'**est **pas** très grande; elle **n'**a **pas** encore trois ans.

You can also use:

ne . . . **plus** (*no longer*):   Estelle **n'**est **plus** un bébé.
ne . . . **rien** (*nothing*):   Ma femme **ne** fait **rien!**
ne . . . **jamais** (*never*):   Claude **ne** gagne **jamais.**

Informations

Blue-Jeans

En France, comme ailleurs, ceux qui se sentent ou veulent être jeunes portent des blue-jeans. A la différence de mots comme 'parking'[1] et 'pressing',[2] 'blue-jeans' et 'snack-bar' sont de véritables emprunts à[3] l'anglais. Une loi interdit désormais de tels emprunts quand il y a des équivalents en français.

F3

Dans un F3 (c'est le nom officiel d'un appartement de trois pièces principales) il y a une salle de séjour (quelquefois appelée, 'living') et deux chambres. Il y a aussi une cuisine, une salle de bains et un W.C. (en général séparé).

Une bibliothèque

C'est à la fois le meuble où l'on range les livres[4] et l'endroit où l'on va emprunter des livres.[5] Vous avez, par exemple, la bibliothèque municipale[6] ou la bibliothèque universitaire. Par contre, la librairie[7] est le magasin où l'on achète des livres, de la papeterie[8] et quelquefois des journaux.

La moquette

Les naturels, ce sont des moquettes de pure laine vierge, épaisses et moelleuses.
Elles isolent du bruit. Elles maintiennent un taux d'humidité sain et constant, elles s'entretiennent facilement. Et elles sont résistantes : très longtemps, les naturels gardent leur gonflant, leur moelleux, leur couleur, comme au premier jour.

On trouve des moquettes naturelles à partir de 100 F le m².

**Woolmark:
la laine vraie.**

Il y a peu de temps, la moquette[9] était moins courante en France qu'en Grande Bretagne. Les maîtresses de maison préféraient un plancher ciré ou verni,[10] les dallages ou les carrelages.[11] Maintenant que les immeubles sont construits en béton[12] la moquette sert à l'insonorisation.[13] Et c'est bien plus confortable pour ceux qui aiment vivre 'en décontracté'!

---

1 *car park* 2 *dry-cleaners* 3 *borrowings from* 4 *bookcase* 5 *library* 6 *local library* 7 *bookshop*
8 *stationery* 9 *fitted carpet* 10 *waxed or polished floor* 11 *stone/tiled floors* 12 *concrete* 13 *sound proofing*

Exercices

1

You can't yet afford to invest in a dream-house in France, but for the moment there's no harm in filling in the form from this newspaper advertisement.

Maison du Languedoc   Maison du Périgord

Vous n'aimez pas l'argent qui dort!

Achetez la maison de vos rêves!

Pour recevoir notre brochure compléter et retourner ce coupon à: 'Revivre', 15, Rue du Muguet, 75005 Paris

- ☐ en Bretagne
- ☐ en Languedoc
- ☐ en Périgord
- ☐ en Poitou

Murs
- ☐ en ruines
- ☐ à réparer
- ☐ en bon état

- ☐ dans un village
- ☐ isolée
- ☐ très ancienne
- ☐ plus récente

Fenêtres
- ☐ nombreuses
- ☐ grandes
- ☐ avec volets

Nombre de pièces
- ☐ 2 à 4
- ☐ 4 à 6
- ☐ 6 à 8
- ☐ plus de 8

Jardin
- ☐ non
- ☐ assez grand
- ☐ grand et cultivé
- ☐ très grand

Nom _____ Profession _____
Adresse _____
Ville _____ Pays _____ Tél _____

Bretagne
Poitou
Périgord
Languedoc

If, for example, you love the sun but hate the sea, live a hermit's life, detest housework but adore gardening and old tumble-down houses, you might say:

Ma maison est en Périgord. Elle est isolée et très ancienne. Elle a entre deux et quatre pièces; ses murs sont en ruines et il y a de nombreuses fenêtres. Son jardin est grand et cultivé.

42

Now try a and b:

a   You love the sun and the sea, enjoy a chat over the garden fence, but detest housework. You are basically lazy, and can't even mend a fuse – let alone install a new drainage system. What is *your* dream house like?

b   Your partner is a do-it-yourself expert with a vast collection of birds' eggs to house. He/she goes deep-sea diving from time to time, and dotes upon your fifteen grandchildren. What is *his/her* dream house like?

2
You're looking for a flat to rent in or near Poitiers – some of the small ads in the local paper *Centre-Presse* look promising, and you decide to phone the present occupant of each flat.

ST. CYPRIEN
Jardin, Clair et ensoleillé
GD LIVING + CHBRE
cuisine, salle de bains, w.c.
chauff. central, 3e étage,
asc., + cave
LUXUEUSEMENT RENOVE
86, RUE DES MARRONNIERS
tél: 41–02–67

The owner of this flat might tell you:

J'habite un appartement clair et ensoleillé, quatre-vingt six, rue des Marronniers à Saint Cyprien. Il y a un jardin. Mon appartement est luxueusement rénové: j'ai un grand living, avec une chambre, une cuisine, une salle de bains et un W.C. Il y a le chauffage central, et une cave. J'ai le téléphone. J'habite au troisième étage, mais il y a un ascenseur.

What might the owners of a, b, and c tell you about their present accommodation?

a

ST. BENOÎT, centre
Bel imm, 2e étage, asc.,
5P 2 salles de bains, ch. cent.
tél: 51–63–35

b

BUXEROLLES Bon imm.
2 PCES. entrée, cuis.,
s. de bains, w.c., tél.
2, RUE DE L'ORMEAU
Clair, calme.
Pour plus de détails tél: 21–40–10

c

46, Rue des Ecoles, Buxerolles
IMM. NEUF
très calme, clair, salon, salle à manger, 2 bains, 4 chbres, cuis., equipée, moq., 4e étage, asc., tél., parking. tél: 49–87–18.

Légende
gd. – grand
asc. – un ascenseur
chbre – chambre
living – salle de séjour
cave (une) – (*cellar*)
chauff. cent – le chauffage central (*central heating*)
imm. – un immeuble (*block of flats*)
5 P(ces) – 5 pièces (*rooms*)

3

You have been looking at the personal column of the local paper.

CÉLIBATAIRES – VEUFS (ves) – DIVORCÉS
ne restez plus seuls!

Votre CLUB RENCONTRES vous conseillera utilement et gratuitement

57, Impasse des Lilas – 86 POITIERS | DISCRETION REFERENCES

Légende

célibataire – *single*
veuf/veuve – *widower/widow*
div. – divorcé(e)
sans charges – *without commitments*
mensuel – *monthly*
P.T.T. – Postes et télécommunications (*Post Office*)
voit. – voiture
dist. – distingué(e)
ép. – épouserait
rencontr. – rencontrerait | *willing to* | *marry* / *meet*
ayant souffert – *having suffered*
esprit ouvert – *open minded*
réfléchi(e) – *serious*
sens. – sensuel/sensuelle
affect. – affectueux/affectueuse
franc/franche – *open*
act. – actif/active

┌AGENCE MATRIMONIALE 'CONTACTS'┐

MAMAN célibataire, 21 ans, jolie, déçue, ayant souff., ép. 21–26, travailleur, sérieux, aimant vie de famille.

EMPLOYE P.T.T. 40 ans, div. sans charges. grand, 3.000 mensuel, voiture, épous. 28–35, bien phys., gentille, enfant accepté.

40 ANS, div. sans enfants, technicien, 4.000 F mens., d'une grande bonté désire union.

SECRETAIRE, 47 ans, veuve, beauc. de charme, dist., ép. 45–55 ayant personnalité.

30 ANS, célib., jolie brune, possédant important garage, épouserait M. pouvant diriger affaire import.

J'AI 27 ANS, 1.80 m, sportif, passionné par ma profess. je souhaite partager mes joies et mes plaisirs avec J.F. act. gaie, sens., situat. sans importance.

HOMME D'AFF, 40 ans, réfléchi, doux, affect., voit.,maison, rencontr. 30–40, sérieuse, franche, esprit ouvert.

CONTACTS – Agence matrimoniale – Conseils et renseign. gratuits:
18, Rue André Gide, 86 MONTMORILLON
de 10h à 12h et de 14 à 19h – Se rend à domicile

---

a   You have a very shy French friend, Bernard. He works for the S.N.C.F., is 39 years old, single, and earns 3500 francs a month. He's tall, distinguished-looking, serious and affectionate and has a car. He's willing to marry a widow (about 30–40) who likes family life. She too would have to be serious and kind, and he has a penchant for small redheads . . . What sort of an ad. would the *Agence Matrimoniale 'Contacts'* place in the paper for him?

b   Your French friend Françoise is even more shy than Bernard. She's forty, single and loves her job. She's tall and blonde. She'd like to meet a kind man – it doesn't matter what <u>his</u> job is. What kind of ad. would the *Agence Matrimoniale 'Contacts'* place for her?

4

A group of friends has been playing 'spot the ball'. They have each made a guess about where the ball really is, but only one person is right. Put the number of each guess into the appropriate circle — and then use your skill to decide which friend was correct.

1 En l'air, entre le joueur n° 5 et le joueur n° 3?
2 Juste au-dessus de la tête du joueur n° 3?
3 Par terre, à côté du pied droit du joueur n° 3?
4 Par terre, devant le pied gauche du joueur n° 5?
5 Par terre, juste derrière le joueur n° 10?
6 En l'air, sous la main gauche du joueur n° 5?
7 Le ballon est hors de la photo (*outside the photo*)?

Tu vas prendre un bain

Telling someone to do something, using 'tu', and asking a favour

---

Est-ce que	**tu peux** aller voir le garagiste? **vous pourriez** garder Estelle s'il vous plaît?
	Va en chercher! (*Va chercher du pain*)
	Dépêche-toi! **Donne-moi ton** bras gauche!

Quand est-ce qu'on tutoie les gens? Pour Claude: "generalement, on dit *vous*. On ne dit *tu* qu'à des gens qu'on connaît bien – des amis intimes par exemple. On dit *tu* aux enfants; mais à partir d'un certain âge, ça les choque quelquefois. Je crois que quand ils ont quatorze ou quinze ans il vaut mieux dire *vous*" *(it is better to say 'vous' to them).*

1

Au marché Saint Cyprien, Claude parle à la petite – fille de la marchande de fruits et légumes. Elle est rousse et a le visage couvert de taches de rousseur – mais elle, comment est-ce qu'elle voit Claude?

Claude	Bonjour, comment tu t'appelles?
Elédie	Elédie.
Claude	Quel âge as-tu?
Elédie	Neuf ans.
Claude	Est-ce que tu as des frères et des soeurs?
Elédie	Une soeur.
Claude	Quel âge a-t-elle?
Elédie	Neuf ans.
Claude	Tu es jumelle alors?
Elédie	Oui.
Claude	Tu peux me dire comment tu me vois?
Elédie	Tu as des yeux marron, tu as un manteau bleu, une écharpe blanche, bleue et marron, deux bagues, un pantalon beige, tu es frisée, tu tiens le micro.

2

Entre mari et femme on se tutoie presque toujours. On se rend service souvent. . . . Claude s'aperçoit qu'il n'y a plus de pain . . .

Claude	Je n'ai pas de pain, Jacques. Il pleut; prends la voiture, et va en chercher, s'il te plaît.
Jacques	Tu veux autre chose avec?
Claude	Non, merci.

autre chose avec?   *anything else?*

C'est au tour de Jacques de demander un service à Claude . . .

Jacques	Ecoute, Claude, la voiture est en panne. Est-ce que tu peux aller voir le garagiste cet après-midi?
Claude	Oui, bien sûr.

3

Entre belle-fille et belle-mère, c'est une autre histoire. Claude connaît sa belle-mère depuis six ans et les deux femmes s'aiment bien – mais pas question de se tutoyer!

Claude	Bonjour, mamie. Est-ce que vous pourriez garder Estelle pour moi ce matin, s'il vous plaît?
Mme Sauvage	Mais oui, bien sûr, avec plaisir!
Claude	Ah, je vous remercie beaucoup, car je suis vraiment débordée et j'ai une panne de voiture. Mon frein à main est cassé.
Mme Sauvage	Comment vous allez faire?
Claude	Mais je n'en sais rien. Je dois aller chez le garagiste. Tu viens Estelle?
Mme Sauvage	Bonjour chérie, bonjour coco!

je suis vraiment débordée	*I'm up to my eyes in it*
mon frein à main est cassé	*my handbreak has gone*
comment vous allez faire?	*what are you going to do?*
mais je n'en sais rien	*I've no idea*

4

La petite Estelle n'a pas le choix – c'est l'heure de prendre son bain et elle doit obéir . . .

Claude	Estelle, il est l'heure de prendre ton bain! Viens vite! Dépêche-toi! On enlève ton pantalon . . .
Estelle	Mm . . . Et puis, maman? Et puis maman?
Claude	Lève la jambe gauche. La droite.
Estelle	Mm.
Claude	Assieds-toi.
Estelle	Mm.
Claude	On enlève les chaussures . . . le lacet . . .
Estelle	Le lacet.
Claude	Tu défais le noeud.
Estelle	Le noeud? Hein.
Claude	L'autre noeud . . .
Estelle	L'autre noeud . . .
Claude	Tu enlèves ta chaussure droite et puis la gauche.

Estelle	Et mes chaussettes?
Claude	Tes chaussettes . . . debout, on enlève ton petit slip et tu es toute nue!
Estelle	Mm. Et puis maman?
Claude	Et puis tu vas prendre un bain!
Estelle	Non! Maman?
Claude	Tu as mal au ventre?
Estelle	Mmm, non, mm.
Claude	Allez, tu viens?
Estelle	Non, non, non, non, non . . . merci, maman.

Dans la salle de bains

Estelle	Ahm. C'est chaud, c'est chaud, c'est chaud, ça.
Claude	Non, ce n'est pas chaud.
Estelle	C'est froid maman.
Claude	Non, c'est tiède.
Estelle	Uhm? Tiède. Baf! Bof! . . . Ah!
Claude	Je te lave la figure. Fais attention à tes yeux. Lève la tête, les oreilles. Donne-moi ton bras gauche. La main gauche. L'autre bras – le droit. Ton ventre.
Estelle	Uhm . . .
Claude	Ton pied droit . . .
Estelle	Droit.
Claude	La jambe. La jambe gauche maintenant. Le pied gauche. Je chatouille les doigts de pied.
Estelle	Uhmmmmm.
Claude	Je frotte la plante du pied. Ça chatouille?
Estelle	Hé, hé! Uhhh!
Claude	C'est fini, Estelle est lavée. Elle est très propre.
Estelle	Oui!

tu as mal au ventre?	*have you got tummy ache?*
allez, tu viens?	*come on then!*

La voiture est enfin réparée et avant de quitter le garage Claude doit prendre de l'essence.

1 Quand est-ce que François travaille au garage?
2 Quel âge a-t-il?
3 Qu'est-ce qu'il aime faire comme sport?
4 Qu'est-ce que le vélo lui permet de faire?

Claude	Bonjour.
François	Bonjour, madame. Le plein de super?
Claude	Oui, super, s'il te plaît. Qu'est-ce que tu fais ici aujourd'hui?
François	Je travaille et je sers.
Claude	Tu fais ça en dehors de tes heures scolaires?
François	Oui, ça m'occupe.
Claude	Ça te plaît quand même?
François	Oui, un peu.
Claude	Quel âge as-tu?
François	Quatorze ans.
Claude	Qu'est-ce que tu fais comme sport?
François	Je fais du tennis, et un peu de vélo.
Claude	Du tennis? Mais tu es un champion alors?
François	Non, je joue un petit peu.
Claude	Et le vélo, qu'est-ce que ça te permet de faire autrement?
François	D'aller voir ma grand'mère, des camarades à vingt, vingt-cinq kilomètres.
Claude	Tu te déplaces tout seul comme ça?
François	Oui.
Claude	Tu es très indépendant?
François	Un peu.

Explications

1
Asking a favour

There are several ways of asking a favour, depending on how polite you want to be and how well you know the person in question. For example: you're having a meal and you'd like someone to pass the salt:

Passez-moi le sel! Le sel!	very rude
Le sel, s'il vous plaît? Vous me passez le sel?	acceptable with a smile!
Vous $\begin{vmatrix} \text{voulez} \\ \text{pouvez} \end{vmatrix}$ me passer le sel, s'il vous plaît?	fairly polite
Vous pourriez me passer le sel, s'il vous plaît? Pourrais-je avoir le sel, s'il vous plaît?	polite
Voudriez-vous Pourriez-vous $\begin{vmatrix} \\ \end{vmatrix}$ me passer le sel, s'il vous plaît?	extremely polite and formal

● Depending on the way you ask the favour, the reply may be:

informal	*more formal*	*formal*
Voilà!	Volontiers!	Mais certainement!
D'accord!	Bien sûr!	Avec plaisir!

2
Telling someone to do something

In a keep-fit class for example, the teacher may say:

to an adult	*to a child*
Debout! **Levez-vous!**	**Lève-toi!**
Assis! **Asseyez-vous!**	**Assieds-toi!**
Dépêchez-vous!	**Dépêche-toi!**
Levez la tête!	**Lève** la tête!

If she/he intends to join in as well or make it sound like a combined effort, she/he would say:

Dépêchons-nous!
On y va! Allons-y!

n.b. some verbs are always accompanied by a pronoun, for example **se** lever (*levez-vous*), **se** dépêcher (*dépêchez-vous*). See chapter 8 for more information.

3
En replaces *things* introduced by **de/du/de l'/de la/des**.

Va chercher	**du** pain
	de la viande
	de l'argent
	des fleurs

become Va **en** chercher if what is being referred to is clear both to speaker and listener.

● **en** is also used with numbers:
Combien d'enfants avez-vous? J'**en** ai deux.

● **en** replaces also expressions of place introduced by **de**:
Vous revenez **de Paris?** Oui, j'**en** reviens.

4
Le, la, les are also used to avoid repetition, and correspond to people or things – it, her, him or them:

n.b. to replace names introduced by **à** you use **lui** (singular) and **leur** (plural):

Tu peux aller voir **le garagiste?**	Tu peux aller **le** voir?
Vous pourriez garder **Estelle?**	Vous pourriez **la** garder?
On enlève **ton pantalon?**	On l'enlève?
Jacques demande un service **à Claude.**	Il **lui** demande un service.
Claude demande un service **à ses amis.**	Elle **leur** demande un service.
Téléphone **au médecin.**	Téléphone-**lui.**

(See ref. sect. p 115, for a complete list of personal pronouns.)

5

'Your' is **ton**, **ta**, **tes**, when you are using **tu**:

Ton bain, **ta** chaussure, **tes** chaussettes, **ton** ami (like **son** ami), **ton** amie (like **son** amie)

(**a**mie is feminine, but as it begins with a vowel, you use ton/mon/son).

6

Tu as mal au ventre?

When some part of the body is hurting, you say:

J'ai mal aux dents.
Il/elle a mal à la jambe.

Informations

Tu/vous

Quand est-ce qu'on se tutoie? Il n'y a pas de règle fixe; habituellement les membres d'une même famille se tutoient, de même que des amis proches – mais ce n'est pas toujours le cas. Une belle-mère peut tutoyer son gendre, mais un gendre ne tutoie pas toujours sa belle-mère. Les enfants tutoient tout le monde, mais à l'école ils apprennent vite à dire 'vous' aux adultes.

Mamie et coco

On appelle souvent les grand-parents Mamie et Papie. On peut aussi employer grand-père/grand'mère, pépé/mémé, bon-papa/bonne-maman, suivant les habitudes de la famille et surtout la classe sociale à laquelle on appartient.

Les adultes donnent souvent aux enfants des noms affectueux qui sont des noms d'animaux: mon lapin, ma puce, ma caille, mon biquet ou ma bique, ou des noms de légumes: mon chou.

La plupart de ces mots ne s'appliquent pas uniquement aux enfants. Ils sont employés aussi entre adultes: chéri, chérie, mon petit, ma petite, mon coco, ma cocotte, ma crotte . . . Une traduction mot à mot de ces expressions est bien sûr impossible! 'Ma crotte' devient 'honey' ou 'sweetheart'!

Le plein de super

Au garage quand vous demandez de faire le plein, vous faites remplir le réservoir de votre voiture. Vous pouvez également demander 'pour trente francs, s'il vous plaît!' Comme vous avez le choix entre le super et l'ordinaire, vous dites: 'Pour trente francs de super, s'il vous plaît' ou 'Pour trente francs d'ordinaire, s'il vous plaît'.

Exercices

1

You're going to have to ask a favour . . .

You say 'vous' to the following people – and you must be polite!

For example: Your tyres look a bit flat, you ask the petrol pump attendant to check them:

Vous | voulez / pourriez | les vérifier, s'il vous plaît?

1 *You don't feel well:*
  You ask the *concierge* to phone the doctor.
2 *Your child, Jacqueline, is ill:*
  You ask your neighbour to look after her.
3 *At the cleaner's:*
  You ask for your trousers to be cleaned this morning.
  (nettoyer: to clean).
4 *Cashing a cheque at the Bank:*
  You ask for some ten-franc notes.
5 *At the reception in an hotel:*
  You ask for your luggage to be taken up to your room.
6 *From your hotel room:*
  You phone and ask for your breakfast to be served.

2

Tell your friend how to make **les beignets aux pommes:**

He/she will need to:

glisser (*slide*), sucrer (*sprinkle sugar on*), verser (*pour*), peler (*peel*), poser (*put*), mélanger (*mix*), couper (*cut*), enrober (*coat*), ajouter (*add*), faire macérer (*marinate*), but not in that order!

Fill in the spaces in the recipe, for example:

'Pel**ez** les pommes . . .'

les beignets aux pommes

1 . . . et . . . les pommes, puis . . . – les macérer dans du cognac et du sucre.
2 Dans un saladier . . . 150g de farine, le sel, un jaune d'oeuf, un 1/2 litre de lait. . . . La pâte doit être onctueuse . . . le blanc en neige.
3 . . . les tranches de pâte et . . . – les dans l'huile chaude.
4 . . . les beignets sur du papier absorbant.   . . .

3

Le médecin:	Alors, qu'est-ce qui ne va pas?
Vous:	Docteur, j'ai mal à la tête.
Le médecin:	Eh bien, prenez un cachet d'aspirine!

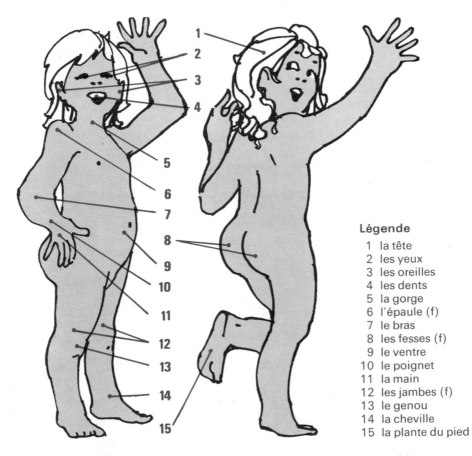

Légende

1 la tête
2 les yeux
3 les oreilles
4 les dents
5 la gorge
6 l'épaule (f)
7 le bras
8 les fesses (f)
9 le ventre
10 le poignet
11 la main
12 les jambes (f)
13 le genou
14 la cheville
15 la plante du pied

You and your family are feeling rather under the weather. You decide to 'phone the doctor and describe the symptoms. Match what you say to him with the advice he gives you:

1 Docteur, j'. . . ④
2 Docteur, mon fils . . . ① ③ ⑤
3 Docteur, mon mari . . . ⑨
4 Docteur, j'. . . ⑫ ⑬ ⑭ ⑮
5 Docteur, les jumelles . . . ⑥ ⑩ ⑪
6 Docteur, j'. . . ②

Alors . . .

A Abandonnez le ski!
B Il a la grippe.
C Elles ont peur des examens.
D Vous lisez trop.
E Il mange trop.
F Allez chez le dentiste.

4

You've written to your French friend Dominique – you like to keep each other up to date about mutual friends. The letter is a perfectly good one, except that some of the vital words are missing. Can you fill them in?

Manchester le 15 novembre 1976.

Cher Dominique,

Merci de __1__ lettre. C'est gentil à __2__ de toujours penser à __3__ anniversaire. __4__ as vraiment une bonne mémoire ! Mais tu n'habites __5__ Périgueux – depuis quand ? Pourquoi ?

Rosalie __6__ a dit que __7__ faites beaucoup de choses ensemble : __8__ jouez __9__ tennis, __10__ allez __11__ cinéma toutes __12__ semaines. Je crois qu'elle __13__ aime bien et __14__ ?

A propos, est-ce que __15__ sais que __16__ amie Sheila part __17__ Etats-Unis ? Elle va __18__ New-York chez son oncle et __19__ tante.

__20__ parents vont bien. Ils __21__ envoient __22__ amitiés.

Et __23__, je __24__ embrasse amicalement.

__25__ amie

Jo

5

A child is crying outside the supermarket – you try to help . . . (*remember you say 'tu' to him*).

1 (ask him why he's crying)	Snif! Snif! Je pleure parce que je suis tout seul.
2 (ask him where his mother is)	Ma maman? Je ne sais pas.
3 (what his name is)	Bruno.
4 (and his surname)	Bruno Mazais.
5 (how old he is)	J'ai quatre ans et demi.
6 (where he lives)	A côté de l'église.
7 (you want to know which church)	La grande église, sur la place.
8 (you want to know if it's far away)	Oh! Oui, c'est loin, très loin.
9 (you ask him to come with you)	Venir avec toi? Pour quoi faire?

Sa maman (*qui arrive*): Bruno! Bruno! Mais, qu'est-ce que tu fais là?
Bruno MAMAN!

6

Vous désirez?

More about buying; using numbers and spelling in French

Je voudrais	**deux cent cinquante grammes de** dattes. **offrir** des fleurs.
Lesquels/lesquelles Combien en	voulez-vous?
Alors, votre nom?	Smith, **S-M-I-T-H**

1

Claude achète des fruits à la marchande qui travaille à Saint Cyprien (voir chapitre 2).

Claude	Je voudrais des bananes, s'il vous plaît.
La marchande	Combien en voulez-vous?
Claude	Une livre, à peu près.
La marchande	Pas trop mûres?
Claude	Pas trop mûres.
La marchande	Deux francs quarante.
Claude	Je voudrais un pamplemousse rose, s'il vous plaît.
La marchande	Oui. Voilà le pamplemousse.
Claude	Combien fait-il, s'il vous plaît?
La marchande	Un franc quatre-vingts.
Claude	Il me faut des noix, s'il vous plaît.
La marchande	Oui, combien voulez-vous?
Claude	Deux cent cinquante grammes.
La marchande	Alors, un franc quatre-vingts.
Claude	Oui, et il me faut des figues, s'il vous plaît.
La marchande	Combien de figues?
Claude	Ou des dattes, qu'est-ce que vous avez?
La marchande	Il y a les deux.
Claude	Je vais prendre des dattes alors. Deux cent cinquante grammes, s'il vous plaît.
La marchande	Alors, voilà: deux francs cinquante.
Claude	D'où viennent-elles?
La marchande	Alors, les figues viennent de Turquie et les dattes d'Afrique du nord.
Claude	Combien je vous dois, s'il vous plaît?
La marchande	Huit, treize, dix-sept, vingt-cinq, quatre, six, huit. Huit francs cinquante . . .

Claude	Voilà, madame.
La marchande	Merci.
Claude	Vous voulez cinquante centimes?
La marchande	Ah oui, avec plaisir.
Claude	Voilà, huit et deux: dix.
La marchande	Merci.
Claude	Merci.

2

Notre reporter, Gérard, n'a pas tellement l'habitude d'acheter des fleurs, mais la fleuriste est très complaisante. Elle lui explique . . .

Gérard	Bonjour, madame.
La fleuriste	Bonjour, monsieur. Vous désirez?
Gérard	Je voudrais offrir des fleurs, s'il vous plaît.
La fleuriste	Oui, vous préférez fleurs coupées ou plantes fleuries?
Gérard	Fleurs coupées.
La fleuriste	Fleurs coupées.
Gérard	C'est pour offrir à une personne d'un certain âge.
La fleuriste	Une personne d'un certain âge, oui, mais que vous connaissez particulièrement?
Gérard	Oui, oui. Qu'est-ce que vous avez comme fleurs?
La fleuriste	Comme fleurs? Des roses, des gerberas, des iris, des tulipes.
Gérard	Oui. Dans les roses?
La fleuriste	Roses, alors vous avez de la très belle rose rouge, ce que l'on appelle la Visa, ou alors de la rose rose, Lara, qui est très jolie.
Gérard	Lesquelles sont les plus jolies?
La fleuriste	En principe les roses rouges plaisent le mieux.
Gérard	Jamais les blanches?
La fleuriste	Euh, en France, non. On offre des roses blanches pour un deuil d'enfant ou, . . . même pas pour des fiançailles; en fiançailles, on met des roses roses.
Gérard	Pas une personne âgée, non?
La fleuriste	Ah, non! Sûrement pas.
Gérard	Alors, je prends les roses rouges.
La fleuriste	Des roses rouges. Oui, monsieur, combien en voulez-vous?
Gérard	Quatre, c'est possible?
La fleuriste	Ce n'est pas joli un nombre pair.
Gérard	Pourquoi?
La fleuriste	C'est juste une question d'esthétique; pour faire un vase c'est plus joli de mettre un nombre impair.
Gérard	Ce n'est pas une superstition?
La fleuriste	Absolument pas! Ah, non absolument pas!
Gérard	Vous me conseillez un nombre impair?
La fleuriste	Un nombre impair. Oui.
Gérard	Bon, je prends, euh, j'en prends cinq.
La fleuriste	Oui. Voilà, monsieur, vos roses.
Gérard	Je vous dois combien?
La fleuriste	Trente-sept francs cinquante, monsieur.
Gérard	Oui, très bien.
La fleuriste	Voilà. Merci, monsieur.
Gérard	Voilà cinquante.
La fleuriste	Merci, monsieur. Trente-huit, quarante et dix: cinquante. Voilà, monsieur, merci beaucoup, monsieur.

des fleurs coupées	*cut flowers*
des plantes fleuries	*pot plants*
dans les roses?	*what have you got in roses?*
un deuil d'enfant	*when you're mourning a child*

Une belle collection de vignettes sur un pare-brise (windscreen)!

3

Au bureau de tabac, Gérard est plus à l'aise pour acheter des cigarettes. Il achète aussi une vignette pour sa voiture . . .

Le buraliste	Bonjour, monsieur.
Gérard	Bonjour, monsieur.
Le buraliste	Vous désirez, monsieur?
Gérard	Avez-vous des cigarettes brunes?
Le buraliste	Bien sûr, monsieur, quelle marque vous désirez, monsieur?
Gérard	Des Gitanes filtre.
Le buraliste	Voilà, Gitanes filtre, alors deux francs vingt, monsieur.
Gérard	Oui, tenez, . . . cent, deux cents, deux francs vingt, voilà.
Le buraliste	Merci, monsieur.
Gérard	Puis-je avoir une vignette, s'il vous plaît?
Le buraliste	Bien sûr, monsieur. Vous avez votre carte grise monsieur?
Gérard	Oui, tenez, la voilà.
Le buraliste	Merci. Alors, votre nom?
Gérard	Lécuellé.
Le buraliste	Lécuellé.
Gérard	L . . . . é . . . . c . . . . u . . . . e . . . . deux l . . . . é.
Le buraliste	L . . . . é . . . . c . . . . u . . . . e . . . . deux l . . . . é. Combien de chevaux, votre voiture?
Gérard	C'est une sept chevaux.
Le buraliste	Alors puissance sept chevaux. La date de première mise en circulation?
Gérard	Le treize, trois, soixante-huit.
Le buraliste	Alors le treize, trois, soixante-huit. Numéro d'immatriculation?
Gérard	Neuf cent soixante-deux M K quatre-vingt-six.
Le buraliste	Alors, neuf cent soixante-deux, M K, quatre-vingt-six. Alors, aujourd'hui nous sommes le vingt-huit, alors le vingt-huit novembre; voilà monsieur, cinquante francs.
Gérard	Oui, tenez. Voilà.

Le buraliste	Merci, monsieur. Voici votre vignette.
Gérard	Merci.
Le buraliste	Au revoir, monsieur, merci.

une carte grise	*log book*
combien de chevaux?	*how many c.c.s?*
puissance sept chevaux	*7 horse power*
la date de première mise en circulation	*first registered in*
(le) numéro d'immatriculation	*(car) registration number*

Compréhension

Claude achète sa lingerie chez Madame Lavallière, qui a une boutique au centre de Poitiers.

1 Qu'est-ce que Claude vient acheter?
2 Quelle taille demande-t-elle?
3 Quel coloris veut-elle?
4 Laquelle choisit-elle?

Claude	Bonjour, madame.
Mme Lavallière	Vous désirez, madame?
Claude	Euh, je voudrais une chemise de nuit, s'il vous plaît.
Mme Lavallière	Oui, quelle taille désirez-vous?
Claude	Du trente-huit.
Mme Lavallière	Trente-huit et quel coloris?
Claude	Ah, une couleur claire, si c'est possible.
Mme Lavallière	Oui, bien sûr. Est-ce que vous désirez une chemise chaude pour la saison, ou légère?
Claude	Ah, une chemise chaude pour l'hiver.
Mme Lavallière	Chaude, avec manches longues alors.
Claude	Oui.
Mme Lavallière	Je vais vous montrer. Nous avons différents coloris, du rose, du vert, du blanc brodé couleur.
Claude	Ah, celle-là, blanche elle est très jolie. Toute brodée, elle est très, très belle.
Mme Lavallière	Je vais vous dire les prix.
Claude	Oui, mais la verte aussi, celle-ci. Je la trouve très, très belle aussi.
Mme Lavallière	Elle fait quatre-vingt neuf francs.
Claude	C'est du coton?
Mme Lavallière	Non, c'est du tergal, c'est-à-dire un mélange de coton et de synthétique.
Claude	Ah, je préfère le pur coton.
Mme Lavallière	Oui, nous avons. Je vais vous montrer. Elles coûtent cent deux francs.
Claude	Bien, je crois que je prends celle-ci. Cette blanche.
Mme Lavallière	Oui.
Claude	Avec une petite fleur.
Mme Lavallière	Oui, dois-je vous faire un paquet cadeau?
Claude	Je veux bien, oui.
Mme Lavallière	Oui. Je vais vous faire un petit paquet. Un petit instant.
Claude	Merci, madame.

Explications

1
Shopping

You may be asked:

Vous désirez? (*the most common expression*)
Qu'est-ce que je vous sers?
Qu'est-ce qu'il vous faut?

Et pour	Monsieur?
	Madame?
	vous?

● If there's a queue, the shopkeeper may ask who's next:

| **A qui le tour?** | C'est à moi! (*me!*) |
| **C'est à qui maintenant?** | |

2
Asking for what you want

Je voudrais	des bananes	
Il me faut	un pamplemousse	s'il vous plaît.
	des figues	

or more formally:
Puis-je avoir une vignette, s'il vous plaît?

● If you want a precise amount:

Je voudrais	**une livre de** bananes
Il me faut	**un kilo de** pommes
	deux cent cinquante grammes de dattes.

● If you have some idea of what you'd like, but need more advice from the shop assistant, you say:

| **Je voudrais** | **offrir des fleurs** | à quelqu'un. |
| | **faire un cadeau** | |

● If you'd like some idea of the range of goods available, you ask:

Qu'est-ce que vous avez comme	fleurs?
	fruits?
	disques?
	poissons?

the answer might be:

	des fleurs coupées et des plantes fleuries.
	des iris, des tulipes.
	de la rose rose.
Vous avez	des figues et des dattes.
Il y a	du classique et des variétés.
	des cigarettes blondes et des cigarettes brunes.
	du poisson frais et du poisson surgelé (*frozen*).
	des gants en cuir et des gants en plastique.

3
Making your choice

● You ask what's best:

Quels sont les **plus** beaux?

Quelles sont | les **plus** jolies?
| les **meilleures?**

and the shop assistant may answer:

Celles-ci sont **moins** jolies.
or
C'est **plus** joli un nombre impair.

the shop assistant may ask which one(s) you want:

lequel		Celui-là,	
laquelle	voulez-vous?	Celle-ci,	s'il vous plaît.
lesquels		Ceux-là,	
lesquelles		Les roses rouges,	

quel | genre?   **quelle** | marque?
| coloris? | taille?

4
How much does it cost?

The answer you may get:

Trente-sept francs cinquante (37,50 F) les cinq (roses).
Sept francs cinquante la rose/la pièce.
Ça fait deux cents francs.

5
How much or how many do you want?

The shop assistant may ask you:

	Deux cent cinquante grammes.
	Quatre, s'il vous plaît.
Combien en voulez-vous?	Une livre.
	Une douzaine.
	J'en voudrais quinze.

● When you want to pay, you ask:

Je vous dois combien?
C'est combien?
Ça fait combien (en tout)?

Informations

Quantités

Selon ce que vous achetez, vous demandez:

● un kilo (gramme) (1000g), une livre (500g), une demi-livre (250g), ou cent grammes, lorsque ce que vous achetez est vendu *au poids.*[1] A l'exception des fruits rares, les fruits et légumes se vendent en général au poids.

1 *by weight*

- 'J'en voudrais deux, trois . . .' (roses, paquets . . .) si ce que vous achetez se vend *à l'unité, à la pièce*.

- 'Une douzaine et demie s'il vous plaît!' Ce sont surtout les oeufs et les huîtres qui se vendent par *douze*, mais rien ne vous empêche d'acheter 'cinq douzaines de roses'!

- Les chaussures et les gants vont par *paires* évidemment! Vous entendrez aussi quelquefois dire 'un couple de tranches de jambon'.[1]

- 'Un litre', 'un demi-litre' ou plus généralement 'une bouteille' pour tous les liquides: vin, eau minérale, ou eau de javel . . .[2]

- Une boîte (d'allumettes), un carton (de lait), un paquet (de bonbons), un pot (de confiture), un sachet (d'olives) – si ce que vous voulez est emballé[3] ou vendu dans certains récipients. Quand il y a plusieurs tailles vous précisez seulement: 'un grand, un petit, un moyen . . .'

- Au moment de payer, si vous proposez de 'faire l'appoint'[4] le/la commerçant(e) vous répondra 'Ça m'arrangerait'[5]

Epelez votre nom!

Même si vous n'avez pas besoin d'acheter une vignette en France, vous aurez peut-être besoin d'épeler votre nom à l'hôtel, à la Poste. Les Français disent:

A	B	C	D	E	F	G	H	I	J	K	L	M	N
Ah	bé	cé	dé	eux	eff	j'ai	ahsh	ee	j'y	kah	elle	emm	enne

O	P	Q	R	S	T	U	V	W	X	Y	Z
oh	pé	ku*	erre	ess	té	u*	vé	doubl' vé	eeks	ee grec	zed

* 'u' comme dans 'rue'.
e.g. Jacob – J'y-ah-cé-oh-bé.

Les fleurs

Le langage des fleurs est très complexe mais il vaut mieux, selon la fleuriste, offrir des fleurs coupées – roses, tulipes, en nombre impair. *Une* belle rose n'a toutefois rien de mesquin![6]

Certains préfèrent les brunes . . .

En matière de cigarettes, si vous demandez des brunes on vous servira des Gauloises ou des Gitanes avec ou sans filtre.[7] Au café, vous avez aussi le choix entre la blonde et la brune. C'est de bière qu'il s'agit: la blonde,[8] la brune.[9]

Parlons voiture:

La carte grise est la carte d'identité d'une automobile. C'est le document officiel délivré par la préfecture attestant la mise en circulation de tout véhicule immatriculé.[10] La puissance du moteur en *chevaux-vapeur* (c.v.) est indiquée sur la carte grise. (7 c.v. = 1300 c.c. approx)

1 *two slices of ham* 2 *bleach* 3 *wrapped* 4 *give the odd 20 centimes* 5 *Oh, yes please!* 6 *mean*
7 *tipped or untipped* 8 *light ale* 9 *brown ale* 10 *certifying the registration of each vehicle*

La vignette est une taxe sur les automobiles que tout le monde doit payer annuellement. Si vous avez une 2 c.v. vous payez moins cher que si vous avez une 15 c.v. Vous payez encore moins cher si vous avez une vieille 2 c.v., c'est-à-dire si elle a été mise en circulation il y a dix ou quinze ans.

L'immatriculation des voitures françaises comporte 3 ou 4 chiffres,[1] 2 lettres et le numéro du département dans cet ordre. Si vous vous ennuyez[2] sur les routes de France, amusez-vous à trouver la provenance des voitures[3] que vous rencontrez!

1 *numbers* 2 *get bored* 3 *where the cars come from*

NUMEROS MINERALOGIQUES DES DEPARTEMENTS

01	Ain	25	Doubs	48	Lozère	72	Sarthe
02	Aisne	26	Drôme	49	Maine-et-Loire	73	Savoie
03	Allier	27	Eure	50	Manche	74	Savoie (Haute-)
04	Alpes de Haute Provence	28	Eure-et-Loir	51	Marne	75	Paris (Ville de)
05	Hautes Alpes	29n	Nord-Finistère	52	Marne (Haute-)	76	Seine-Maritime
06	Alpes-Maritimes	29s	Sud-Finistère	53	Mayenne	77	Seine-et-Marne
07	Ardèche	30	Gard	54	Meurthe-et-Moselle	78	Yvelines
08	Ardennes	31	Garonne (Haute-)	55	Meuse	79	Sèvres (Deux-)
09	Ariège	32	Gers	56	Morbihan	80	Somme
10	Aube	33	Gironde	57	Moselle	81	Tarn
11	Aude	34	Hérault	58	Nièvre	82	Tarn-et-Garonne
12	Aveyron	35	Ille-et-Vilaine	59	Nord	83	Var
13	Bouches-du-Rhône	36	Indre	60	Oise	84	Vaucluse
14	Calvados	37	Indre-et-Loire	61	Orne	85	Vendée
15	Cantal	38	Isère	62	Pas-de-Calais	86	Vienne
16	Charente	39	Jura	63	Puy-de-Dôme	87	Vienne (Haute-)
17	Charente-Maritime	40	Landes	64	Pyrénées (Basses-)	88	Vosges
18	Cher	41	Loir-et-Cher	65	Pyrénées (Hautes-)	89	Yonne
19	Corrèze	42	Loire	66	Pyrénées-Orientales	90	Belfort (Territoire)
20	Corse	43	Loire (Haute-)	67	Rhin (Bas-)	91	Essonne
21	Côte-d'Or	44	Loire-Atlantique	68	Rhin (Haut-)	92	Hauts-de-Seine
22	Côtes-du-Nord	45	Loiret	69	Rhône	93	Seine-Saint-Denis
23	Creuse	46	Lot	70	Saône (Haute-)	94	Val-de-Marne
24	Dordogne	47	Lot-et-Garonne	71	Saône-et-Loire	95	Val d'Oise

---

Exercices

1

On the first day of your holiday you find you've left all your shaving kit behind. You head for the nearest Droguerie – what does the shop assistant say to you?

La commerçante	*Vous*
1	Je voudrais des lames de rasoir, s'il vous plaît.
2	Les moins chères.
3	Non, je voudrais aussi de la crème à raser et de la lotion après-rasage, s'il vous plaît.
4	La meilleure.
5	La moins parfumée. C'est tout. Je vous dois combien?

The shop assistant was adding it up as she went along – razor blades – quatre francs vingt, shaving cream – neuf francs quinze, after-shave – treize francs vingt cinq, so how much does the bill come to?

6 .... francs, ... Monsieur.

2

You're a detective, Prosper Futé, working on a case in Poitiers. You phone a telegram to your boss, Hercule Maigret saying that the body of an unidentified man has been discovered drowned in Le Clain (*the river in Poitiers*). This is the form that the operator (*la standardiste*) has to fill in on your behalf . . .

                    POSTES ET TÉLÉCOMMUNICATIONS

TÉLÉGRAMME

CADRE A REMPLIR **TRÈS LISIBLEMENT** PAR L'EXPÉDITEUR

NOM et ADRESSE du destinataire

HERCULE MAIGRET IMPASSE EUREKA
PARIS 5ème 707 3131

TEXTE

CINQ HEURES CE MATIN CORPS HOMME
NON-IDENTIFIÉ DÉCOUVERT NOYÉ LE CLAIN
1750.00F FAUX BILLETS SUR LUI.
                            PROSPER

Nom et adresse de l'expéditeur : PROSPER FUTÉ — HÔTEL BON-REPOS
POITIERS (49)-42.29-32

Can you fill in the missing parts of the following conversation?

La Standardiste	Allô! Oui, j'écoute.
Vous	Je voudrais envoyer un télégramme.
La Standardiste	Nom, adresse, numéro de téléphone du destinataire?
Vous	....
La Standardiste	Message?
Vous	
	..............................LE CLAIN (*the river at Poitiers*)
La Standardiste	Epelez!
Vous	L-E C-L-A-I-N.
La Standardiste	Ensuite?
Vous	....
La Standardiste	C'est la signature?
Vous	Oui, mademoiselle, c'est la signature!
La Standardiste	Nom. adresse, numéro de téléphone de l'expéditeur.
Vous	....
La Standardiste	Je relis: ....
Vous	C'est ça. Merci, mademoiselle.

3

You're with a French friend who finds registration plates fascinating. He reads some of them out aloud:

Six cent trente-six **a chaud** quarante-quatre.
What's that?
When you see the registration plate
it does make sense:

Your friend goes on . . .

1 Deux cent quatre-vingt-dix-neuf **bébé** quatorze. ....
2 Cinq cent quatre-vingt-deux **acheter** vingt-deux. ....
3 Sept cent cinq **Hervé** trente et un. ....
4 Quatre cent vingt-six **elle aime** quatre-vingt-six. ....
5 Trois cent quarante-deux **casser** cinquante. ....
6 Cent soixante-dix-huit **assez** dix-neuf. ....

What do the letters and numbers on these registration plates really look like?

4

You're shopping in Poitiers:

a *A l'épicerie:*

La commerçante	Qu'est-ce que je vous sers, madame?
Vous	(you'd like a pound of slightly salted butter)
La commerçante	Et avec ça?
Vous	(half a pound of coffee beans, and a dozen farm eggs please)
La commerçante	Voilà: du beurre, du café et des oeufs. C'est tout?
Vous	(yes, thank you)

b *Chez le marchand de journaux:*

Le marchand	C'est à qui le tour?
Vous	(it's yours. You'd like *La Nouvelle République*)

oranges sanguines — le kg: 4F

oranges 'Navel' — le kg: 3·80F

pamplemousses juteux — La Pièce: 1·50F

pamplemousses roses — La Pièce: 1·80F

c *Chez la marchande de fruits et légumes:*

La marchande	Vous désirez, madame?
Vous	(say you want some oranges)
La marchande	Oui, j'ai des oranges sanguines et des oranges 'Navel'. Lesquelles voulez-vous?
Vous	(you ask which are the better ones)
La marchande	Les oranges sanguines.
Vous	(you want a kilo)
La marchande	D'accord, un kilo d'oranges. Et avec ça?
Vous	(you'd like some juicy grapefruit)
La marchande	Combien en voulez-vous?
Vous	(you'd like three please)

d Now the cost! You had a 50 franc note in your purse – how much change is left?

7 Comment faut-il le boire?

What you must do and why

Avant de servir un vin, qu'est-ce qu'	**il faut** **on doit**	faire?

Il faut **on doit**	respecter une certaine température.

Comment **faut-il** le boire?	Chambré. **Il ne faut pas** le chauffer.

Pourquoi?	**Parce qu**'on goûte aussi le vin avec le nez. **Pour** la concentration des arômes.

1

Claude n'est pas poitevine. Elle ne connaît donc pas les vins de la région.
Dans les caves de Marigny-Brizay, à quelques kilomètres de Poitiers,
Monsieur Fournier lui explique ce qu'il faut faire pour apprécier un vin.

Claude	Quels sont les vins de la région?
M. Fournier	Alors, nous avons des vins rouges, et des vins blancs. Dans les vins rouges, vous avez le Cabernet, le Pinot noir et le Gamay qui sont des V.D.Q.S.
Claude	Qu'est-ce que ça veut dire, V.D.Q.S.?
M. Fournier	Vin délimité de qualité supérieure.
Claude	Et les blancs?
M. Fournier	Alors vous avez les Sauvignon, les Pinot Chardonnay et des Chenin qui sont aussi des V.D.Q.S.
Claude	Et avant de servir un vin, qu'est-ce que l'on doit faire?
M. Fournier	Alors, pour les vins rouges, il faut respecter une certaine température. Pour nos vins rouges, il faut quinze degrés.
Claude	Et pour les vins blancs?
M. Fournier	Alors, il faut les servir autour de huit degrés.
Claude	Quel verre faut-il utiliser?
M. Fournier	De préférence, un verre ballon.
Claude	Qu'est-ce que c'est, un verre ballon?
M. Fournier	C'est un verre qui est évasé à la base, plus large à la base qu'au sommet.
Claude	Et pourquoi?

67

M. Fournier	Pour la concentration des arômes, parce qu'on goûte aussi le vin avec le nez.
Claude	Vous savez goûter le vin, vous savez faire le vin, et quoi?
M. Fournier	Ah . . . et le vendre!

vin délimité de qualité supérieure	*a wine superior to 'vin ordinaire', but below 'Appellation Contrôlée' standards*
un verre ballon	*a wine glass*
évasé à la base	*wider at the bottom*

2

Gérard ne connaît pas les vins, mais Madame Airvault, commerçante en vins, l'aide à choisir une bonne bouteille.

Gérard	Bonjour madame, je voudrais une bouteille de vin, s'il vous plaît.
Mme Airvault	Oui, monsieur, quel vin désirez-vous? Du vin de table, du vin courant, ou du vin supérieur?
Gérard	Une bonne bouteille de vin.
Mme Airvault	Euh, rouge, blanc, ou rosé?
Gérard	Rouge.
Mme Airvault	Rouge. Bordeaux? Côtes du Rhône? Beaujolais?
Gérard	Pour mon gigot, qu'est-ce que vous me conseillez?
Mme Airvault	Ah, un bon Bordeaux ou un bon Bourgogne.
Gérard	Oui. Quelle est la différence?
Mme Airvault	Le bouquet est tout à fait différent.
Gérard	Comment faut-il le boire?
Mme Airvault	Chambré.
Gérard	C'est à dire avec un glaçon?
Mme Airvault	Ah, non, non, non, non, non! Chambré à la température de la chambre.
Gérard	On le . . .
Mme Airvault	C'est à dire euh, moins frais qu'ici dans le magasin, vous voyez. Vous le mettez dans la cuisine une demi-heure avant de servir.
Gérard	On peut le mettre dans le freezer?
Mme Airvault	Non! Ah pas du tout! Non!
Gérard	On ne le sert pas avec des glaçons?
Mme Airvault	Non, monsieur! Ah, non, non! Tous ces Bordeaux se servent, ce qu'on appelle 'chambré'. C'est à dire, euh, à la température de la chambre, mais pas frais. Pas frais, plutôt, enfin, plutôt, plutôt, plutôt . . . pas tiède, bien sûr, mais un petit peu, un petit peu tiède si vous voulez!

Gérard	Alors on le chauffe?
Mme Airvault	Il ne faut pas le chauffer! Ah, il ne faut pas le chauffer. Non. Vous le mettez dans votre cuisine, sur la table, parce qu'en général les cuisines sont chaudes. Alors là, vous le buvez comme ça.
Gérard	Lequel me conseillez-vous?
Mme Airvault	Le Bourgogne.
Gérard	Bon, ben, je l'achète.
Mme Airvault	Bien, monsieur, voilà.
Gérard	Combien dites-vous?
Mme Airvault	Neuf quatre-vingts.
Gérard	Oui. Deux, trois, quatre, cinq, six, sept, huit, et neuf. Voilà.
Mme Airvault	Et encore, quatre-vingts centimes.
Gérard	Ah, oui, excusez-moi, voilà et mille, tenez.
Mme Airvault	Bon alors, je vous rends vingt centimes, monsieur, voilà.
Gérard	Merci beaucoup.
Mme Airvault	Merci, monsieur, alors dégustez bien votre Bourgogne avec le gigot.
Gérard	Merci beaucoup.
Mme Airvault	Au revoir, messieurs-dames.

et mille	*and 1,000 counting in old francs (i.e. 10 francs)*
dégustez bien votre Bourgogne avec le gigot	*enjoy your Burgundy with your roast lamb*

Compréhension

Madame Fournier partage les intérêts de son mari . . . en matière de vins!

1 Quel genre de vin aime-t-elle?
2 Qu'est-ce qu'elle fait pour bien goûter un vin?
3 Quand est-ce qu'elle boit du Pinot-Chardonnay (blanc)?
4 Qu'est-ce qu'elle boit à la fin d'un repas?

Claude	Madame, est-ce que vous goûtez le vin pour votre mari?
Mme Fournier	Ah, oui!
Claude	Et vous lui donnez quelques conseils?
Mme Fournier	Mais bien sûr!
Claude	Lesquels, par exemple?
Mme Fournier	Eh bien, quand un vin est trop doux, je ne l'aime pas, j'aime bien un vin sec, et qui a bon goût.
Claude	Qu'est-ce que vous aimez comme vins?
Mme Fournier	Moi, je les aime tous!
Claude	Est-ce que vous aidez votre mari pour faire le vin?
Mme Fournier	Non, pas à faire le vin, mais je l'aide à mettre les étiquettes, et la vente aussi.
Claude	Qu'est-ce qu'il faut faire pour bien goûter un vin?
Mme Fournier	Pour bien goûter un vin, moi, je mange des noix, des noisettes, des amandes.

Claude	Vous trouvez que c'est meilleur?
Mme Fournier	Oui.
Claude	Et avec le fromage?
Mme Fournier	Je n'aime pas le fromage. Je le regrette!
Claude	Quel est votre vin préféré ici?
Mme Fournier	Le Pinot Chardonnay et le Cabernet rouge.
Claude	Le Cabernet rouge pour les viandes et l'autre pour quoi?
Mme Fournier	Pour le début du repas, sur le poisson, sur les huîtres.
Claude	Et à la fin des repas, qu'est-ce que vous buvez alors?
Mme Fournier	Un verre d'eau!

Explications

1
Asking what you must do

Avant de servir un vin | qu'est-ce qu'**on doit** faire?
qu'est-ce qu'**il faut** faire?

(or more formally qu'est-ce que **l'on doit** faire?)

the answer you may get:

Il faut
On doit | respecter une certaine température.

● You may make a tentative suggestion – and find you *mustn't* do something:

On peut le mettre dans le freezer? | Ah non!
(*le vin*) | Sûrement pas!
| Il ne faut pas!

2
Asking what is to be recommended

Qu'est-ce que vous me conseillez?

the answer may be:

Il faut | choisir
prendre | celui-ci.

Je vous conseille celui-là.

3
Asking how something must be done

Comment **faut-il** boire ce vin?

the answer may be **chambré** or **frais**, or in more detail:
ni (très/trop) chaud ni (très/trop) froid
pas frais, plutôt tiède
pas tiède bien sûr, mais un petit peu tiède
pas vraiment chaud, pas vraiment froid non plus

70

4
Asking the reason why

Pourquoi? | **Parce qu'**on goûte le vin avec le nez.
| **A cause de** la concentration des arômes.
| **Pour** la concentration des arômes.

● If you don't understand what is said, you can ask:

Qu'est-ce que | ça veut dire?
| vous voulez dire?

● If you're not sure about the difference between one thing and another, you ask:

Quelle est la différence **entre** | ça et ça?
| celui-ci et celui-là?
| celle-ci et celle-là?

Informations

Comment choisir un vin?

Selon vos goûts bien sûr, mais encore!
Les vins français sont classés en:

vins de consommation courante (vins de table – vins ordinaires).
vins V.D.Q.S. (produits dans une certaine région).
vins d'appellation contrôlée (souvent produits sur de petits domaines donc en quantité limitée).

Il y a des vins rouges, des vins blancs, des vins rosés, aussi des vins tranquilles et des vins pétillants,[1] par exemple, le Champagne.

Le degré d'alcool des vins varie. Les petits vins de pays ne font quelquefois que 9° ou 10°, les grands vins jusqu'à 14°. Il ne faut pas confondre ces indications avec la température idéale à laquelle on doit servir un vin (15° pour les rouges, 8° pour les blancs dit M. Fournier).

1 *sparkling*

Les vins du Haut Poitou V.D.Q.S.

LE SAUVIGNON
Recommandé sur poissons, charcuterie, fromages

LE ROUGE DU HAUT-POITOU
Partenaire idéal des grillades, rôtis, fromages

LE CHARDONNAY
Conseillé sur fruits de mer, coquillages, foie gras, viandes blanches

Les cépages, c'est-à-dire, les plants de vigne sont presque partout les mêmes en France. Les plus connus sont: Pinot, Gamay noir, Cabernet-Sauvignon pour les rouges; Chardonnay, Muscadet, Chenin Blanc, Sauvignon pour les blancs. Mais les vins produits par ces cépages sont très différents selon les régions.

Faire la différence entre un Bordeaux et un Bourgogne est une première distinction importante. Ce n'est pourtant qu'une distinction sommaire quand on sait que les Médoc, les Graves, les Saint Emilion, les Pomerol, sont tous des Bordeaux. Mais peut-être faut-il être particulièrement connaisseur ou initié, pour distinguer un Château Pétrus (Pomerol) d'un Château Mouton-Rothschild (Médoc)! Et ceci sans parler des Bourgogne, des Côtes du Rhône, des vins de Loire, des vins d'Alsace et du Beaujolais.

Dans cette richesse, comment choisir?
Il vaut mieux choisir une bouteille dont l'étiquette porte: 'Mis en bouteille au château/à la propriété,[1] avec la date de mise en bouteille[2] et aussi le nom du propriétaire-récoltant.[3]

Pour goûter/apprécier/déguster un vin, il est conseillé de le boire avec des plats qui 'se marient bien'[4] avec lui. Le choix des vins est une opération délicate dans l'organisation d'un repas. Mais il n'y a pas de règle stricte, et on choisit un vin selon son portefeuille, et ses goûts.

A propos, un bon vin a souvent du dépôt[5], ce qui ne l'empêche pas d'être une très 'bonne bouteille'. Il suffit alors de ne pas le remuer et de le verser avec précaution.

---

1 *bottled on the estate*   2 *when it was bottled*   3 *wine,producer*   4 *go well*   5 *sediment*

Exercices

1

You're out shopping, trying to make up your mind in each shop about what you should buy. Each time:

a you ask the assistant for advice: *lequel me conseillez-vous?*

b the assistant gives you advice: *le plus grand.*

√ marks the items the assistant recommends.

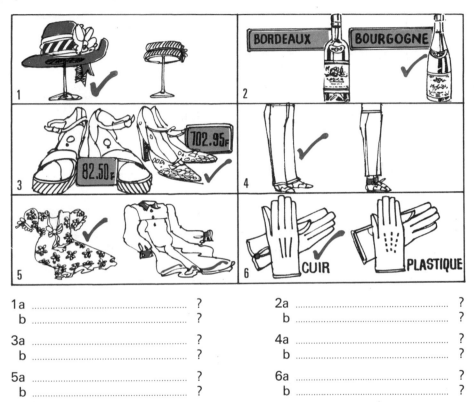

1a .... ?	2a .... ?
b .... ?	b .... ?
3a .... ?	4a .... ?
b .... ?	b .... ?
5a .... ?	6a .... ?
b .... ?	b .... ?

2

Vrai ou faux? 'Il ne faut pas croire tout ce qu'on entend'.

Are these statements right or wrong?

Il faut	Vrai	Faux
1 servir le vin rouge avec des glaçons.	☐	☐
2 aller chez le dentiste quand on a mal aux dents.	☐	☐
3 faire cuire le camembert avant de le manger.	☐	☐
4 avoir la carte grise de la voiture que l'on conduit.	☐	☐
5 passer par Poitiers pour aller de Grenoble à Lille.	☐	☐
6 dire 'vous' à son enfant.	☐	☐
7 toujours prendre des vêtements trop grands.	☐	☐

3
Comment choisir et entretenir vos textiles?

You've just bought the following garments – but you're not sure how they should be cleaned. Fortunately the shop assistant has a chart on textile-care to which he can refer.

MATIERES TEXTILES	LAVAGE		Lavage
LIN BLANC	○	95°c	[symbol] à la main
COTON BLANC	○	95°c	○ à la machine
COTON DE COULEUR	○	60°c	40°c dans une eau à quarante degrés
LAINE	[symbol]	40°c	**Important**
SOIE	[symbol]	30°c	Pour les tissus comportant un mélange de plusieurs fibres, il faut toujours tenir compte des conseils indiqués pour la fibre la plus délicate.
NYLON/TERGAL	○	40°c	

In each case   a   ask how to wash the article.
b   give the assistant's reply.

For example, you've just bought a woollen sweater (*un pull en laine*).
You ask the assistant: a   Comment faut-il le laver?, and he replies:
b   Il faut le laver à la main dans une eau à quarante degrés.

1   une cravate en soie   a .... ?
    (*a silk tie*)   b ....
2   des chaussettes en nylon   a .... ?
    (*nylon socks*)   b ....
3   des serviettes de toilette   a .... ?
    en coton blanc (*white cotton towels*) b ....
4   un chapeau en plumes de pigeon a .... ?
    (*a pigeon-feather hat*)   b ....
5   un couvre-lit en coton bleu a .... ?
    (*a blue cotton bedspread*) b ....
6   des rideaux en lin blanc   a .... ?
    (*white linen curtains*)   b ....

4
This should be a perfectly reasonable conversation between you and a shop assistant. Can you sort out the muddle and put the sentences in the right order?

La commerçante	1 Vous désirez?
Vous	2 J'hésite un peu. Qu'est-ce que vous me conseillez?
Elle	3 Vous voulez me montrer votre main?
Vous	4 Euh! Je ne sais pas.

Elle	5	Quel genre de gants voulez-vous exactement?
Vous	6	Du sept et demi, très bien!
Elle	7	Monsieur, vous vous moquez de moi!
Vous	8	Quelle est la différence?
Elle	9	Vous voulez des gants en laine ou des gants en cuir?
Vous	10	Je voudrais une paire de gants.
Elle	11	Qu'est-ce qu'il vous faut comme taille?
Vous	12	Oui, bien sûr!
Elle	13	Il vous faut du sept et demi.

Comment se passe une journée?

Talking about what you do every day

Le matin,	**je me lève** à cinq heures, puis je vais au réfectoire.
A 8h45	chacun **se rend** au lieu de son travail.
Après quoi,	**nous nous retrouvons** pour prier.

Après de multiples aventures (voir chapitre 3) Claude arrive enfin à Ligugé. Elle se rend à l'abbaye où le Père François l'attend. Tout d'abord, elle lui demande à quel ordre appartiennent les moines de Ligugé . . .

Père   Nous sommes des moines bénédictins, c'est à dire que nous suivons la Règle de St. Benoît, qui est le Père des moines d'occident et qui a vécu au cinquième siècle.

Claude   Et quel genre d'activités avez-vous dans cette abbaye?

Père   La principale activité de notre abbaye est essentiellement d'ordre spirituel. Nous nous adonnons à la prière, et tout ce que nous faisons comme autres activités a pour but de favoriser notre vie de prière, d'une part en nous permettant de gagner notre vie, et d'autre part en nous permettant de nous occuper en dehors des temps que nous passons à prier à l'église ou dans notre chambre.

Claude   Et comment se passe une journée?

Père   Le matin, je me lève à cinq heures, puis je vais au réfectoire pour prendre le petit déjeuner. A cinq heures et demie, première réunion à l'église; toute la communauté se rassemble pour célébrer le premier office de la journée. Après quoi, les moines retournent dans leurs chambres et en général, prient, seuls, jusqu'à sept heures, où ils se retrouvent à nouveau à l'église pour le premier office de louange de la journée, qui est l'office des laudes; après quoi nous nous retrouvons à nouveau, seuls, pour prier, ou pour lire, jusqu'à huit heures et demie où nous nous rassemblons pour la prière du travail.

Claude   Qu'est-ce que c'est?

Père	La prière du travail, eh bien, c'est un ensemble de trois psaumes que nous disons au début de la journée de travail pour mettre notre travail sous la protection de Dieu. A neuf heures moins le quart, chacun se rend au lieu de son travail: les émailleurs à l'émaillerie, les imprimeurs à l'imprimerie, ceux qui font des diapositives au travail des diapositives et puis ceux qui sont responsables de l'entretien de la maison, nettoyage, balayage; le cuisinier, l'infirmier, chacun fait le travail qui lui est demandé.
Claude	Et vous, que faites-vous?
Père	Eh bien, en général à ce moment-là je fais de l'orgue, c'est à dire que pendant une heure je travaille les morceaux que je dois jouer au cours de la liturgie. Après quoi, je retourne chez moi pour lire le courrier, car j'ai beaucoup de lettres parce que je suis responsable de l'Hôtellerie, c'est à dire de l'accueil; et cette occupation m'immobilise en général jusqu'à onze heures et demie, qui est l'heure de la messe. Tous les jours, nous chantons la messe à l'église d'une manière très solennelle. Après quoi, nous allons manger à une heure. Après le repas, nous avons une récréation.
Claude	Qu'est-ce que c'est qu'une récréation?
Père	Ben, une récréation, ça n'est pas une récréation comme les élèves dans la cour de l'école, mais nous nous retrouvons ensemble dehors pour marcher ou pour parler ensemble. Ou bien nous nous retrouvons dans une salle qu'on appelle 'la salle de communauté', le dimanche pour prendre le café, en semaine pour lire les journaux, ou parler entre nous des événements de notre vie monastique. C'est un moment de détente, où nous aimons bien nous retrouver ensemble.

Claude	Vous lisez les quotidiens?
Père	Nous reçevons au monastère deux quotidiens, nous n'avons ni la radio ni la télévision et il faut quand même avoir un minimum d'informations.
Claude	Et ensuite, qu'est-ce que vous faites?
Père	Immédiatement après la récréation, nous retournons sur les lieux de travail et l'après-midi se passe très vite; et à six heures et demie c'est déjà les vêpres où nous nous rassemblons pour la grande prière chantée du soir; puis le repas du soir, qui dure une demi-heure, une demi-heure de silence encore, puis le dernier office de la journée, qui, lui aussi, nous rassemble pendant environ une demi-heure.
Claude	A quelle heure se termine une journée?
Père	Eh bien, en principe, une journée se termine à dix heures du soir (ou vingt-deux heures) mais certains ont encore la possibilité de travailler un peu s'ils en ont besoin.

le Père des moines d'occident	*the Father of monks in the West*
qui a vécu	*who lived*
d'une part . . . d'autre part	*on the one hand . . . on the other*
le premier office	*the first service*
l'office des laudes	*the service of lauds*
le travail qui lui est demandé	*the work which is expected of him*
au cours de la liturgie	*during the liturgy*
la salle de communauté	*the common room*
la grande prière chantée du soir	*evensong*
s'ils en ont besoin	*if they need to*

Compréhension

La conversation continue entre Claude et le Père François . . .

1   Depuis quand le Père François est-il moine?
2   Est-ce qu'il est content d'être moine?

Claude	Depuis quand êtes-vous moine?
Père	Eh bien, votre question tombe pour un très joyeux anniversaire: il y a vingt-cinq ans que je suis moine à Ligugé depuis le début du mois de novembre.
Claude	Avez-vous une famille?
Père	Bien sûr, j'ai une famille; malheureusement, j'ai perdu mon père et ma mère, mais je reste en rapport très proche avec mes frères et soeurs, en particulier avec ma plus jeune soeur, qui est moniale bénédictine, comme je suis moine bénédictin, et puis avec mes dix-neuf neveux que j'aime beaucoup.
Claude	Vous pouvez les voir?
Père	Bien sûr. Ils viennent me voir à Ligugé pratiquement une fois par an.
Claude	Est-ce que vous regrettez un peu la vie familiale?
Père	Même si je regrette la vie familiale, je suis très pleinement heureux dans la vie monastique que je mène à l'heure actuelle, parce que c'est ma nouvelle famille, et c'est là que je trouve vraiment ce que j'ai cherché.
Claude	Etes-vous content d'être moine?
Père	Tout à fait.

Explications

1
How to say what you usually do

When you're talking about what you do every day you can't avoid using reflexive verbs (i.e. verbs always accompanied by a *pronoun*). These pronouns must be in the same person as the subject of the verb:

Je me lève à cinq heures.

The infinitive is **se lever**:

je me lève
tu te lèves
il/elle se lève

nous nous levons
vous vous levez
ils/elles se lèvent.

To be called is **s'appeler** so you'll say: **je m'appelle** (*I am called*):

Comment t'appelles-tu? Je m'appelle Elédie.

● When you're giving an order, the pronoun comes after the verb:
Estelle, **déshabille-toi!** (**se** déshabiller)
Dépêchez-vous, mes enfants! (**se** dépêcher)

Some verbs are only used in the reflexive form, for example:
s'adonner (*to devote oneself*)
se souvenir (*to remember*)

Others have both a reflexive and a non-reflexive form:
Je me lève (*I get up*) (**se** lever)
Je lève mon verre (*I lift my glass*) (lever)

Mon mari **se réveille** (*my husband wakes up*) (**se** réveiller)
Il **réveille** les enfants (*he wakes the children up*) (réveiller)

You use reflexive verbs when you are *doing* something to yourself:
Je **me** lave (*I wash myself*)
Je **me** regarde (*I look at myself*)

Sometimes it means *to each other* or *to one another*:
Nous **nous** regardons (*we look at each other*)
n.b. Comment **se passe** votre journée? (*how do you spend your day?*)

● To emphasize routine activities, you add: **en général**, **en principe**, **généralement, d'habitude**.

To suggest alternatives you can say: **ou bien . . . ou bien** (*either . . . or*)
Nous nous retrouvons ensemble dehors **ou bien** nous nous retrouvons dans une salle.

d'une part . . . d'autre part (*on the one hand . . . on the other*)
. . . d'une part en nous permettant de gagner notre vie, et **d'autre part** en nous permettant de nous occuper . . .

2
How to say in what order you do things

tout d'abord   ensuite   enfin

                 ⟶ après quoi ⟶

en premier lieu   puis   en dernier lieu

and whether you do something more than once:

nous nous retrouvons **à nouveau** seuls pour prier.
tous les jours nous chantons la messe.
une demi-heure de silence **encore**.

and the precise time you do it:

à ce moment-là je fais de l'orgue.
le dimanche pour prendre le café . . .
en semaine pour lire les journaux . . .
immédiatement après la récréation . . .

3
How to say how long an activity lasts

Pendant une heure, je travaille les morceaux . . .
Le dernier office de la journée . . . qui nous rassemble **pendant environ une demi-heure.**
Le repas du soir, **qui dure une demi-heure.**

● To say since when something has been (and still is) going on, you use the present with **il y a** or **depuis.**

Il y a vingt-cinq ans que **je suis** moine à Ligugé.
Je suis moine **depuis** vingt-cinq ans.

Informations

L'abbaye de Ligugé date du quatrième siècle. Elle a été fondée par Saint Martin, un soldat romain, qui est venu s'établir à Poitiers auprès de Saint Hilaire.

La Règle de St. Benoît (480–547) a pour but de glorifier Dieu sur terre. Le moine bénédictin doit tendre à[1] l'humilité, la perfection religieuse par la discipline intérieure, l'abnégation[2] et l'obéissance.

La communauté religieuse est organisée un peu à la manière d'une famille dont l'Abbé serait le père. Les jeunes doivent respecter les anciens et tous doivent obéir à l'Abbé, qui est élu.[3] Les moines vivent isolés du reste du monde et ne possèdent rien en propre[4] mais chaque abbaye a une Hôtellerie, c'est à dire un centre d'accueil ouvert au public. Le Père François est le Père Hôtelier de l'abbaye de Ligugé.

1 *strive for* 2 *self-denial* 3 *elected* 4 *which is their own*

Abbaye de Ligugé – accueil des hôtes

HORAIRE

	semaine	dimanche & fêtes
laudes	7h	7h
messe	11h30	10h
repas	12h50	12h50
vêpres	18h30	16h30
repas	19h30	19h30
complies	20h30	20h30
vigiles (samedi & veilles de fête)		20h30

Les moines consacrent une grande partie de leur temps à chanter tous ensemble les louanges[1] de Dieu à heures régulières et à prier dans la solitude mais ils ont aussi d'autres occupations. Ils 'gagnent leur vie' en ce sens qu'ils contribuent tous à la vie matérielle de l'abbaye. Certains s'occupent de l'entretien de la maison,[2] le cuisinier s'occupe de la nourriture, l'infirmier[3] des malades; d'autres se consacrent à des tâches artistiques: les émailleurs,[4] les imprimeurs,[5] ceux qui fabriquent des diapositives.[6]

Un minimum d'informations

Si en Angleterre on écoute *the news*, en France on écoute *les informations* à la radio. Mais vous demandez *des nouvelles* de quelqu'un: 'Vous avez des nouvelles de votre père?'

Les journaux quotidiens paraissent tous les jours, les hebdomadaires toutes les semaines, les mensuels tous les mois. Les revues qui paraissent tous les trimestres sont trimestrielles; tous les six mois, semestrielles; une fois par an, annuelles.

1 *praises* 2 *i.e. clean, repair, sweep* 3 *medical orderly* 4 *enamellers* 5 *printers* 6 *slides. (Ligugé is famous for the enamels the monks make – these enamels, of which some of the most beautiful are reproductions of Braque signed originals, are exhibited internationally. The slides are made for exhibition work.)*

Exercices

1

Re-read the interview, and answer the following questions:

a Que font les moines comme travail?
b Pourquoi travaillent-ils?
c Que fait le père François entre la prière du travail et la messe?
d Combien de temps les moines travaillent-ils le matin?
e Qu'est-ce qu'on peut faire pendant la récréation à l'abbaye de Ligugé?
f Est-ce que le père François a une famille?

2

What do *you* do every day? You're a French housewife (or husband) and your daily round is pictured below. You're the first of the family to get up – how do you spend your day?

Tout d'abord ...   puis ...   ensuite ...   après cela ...

en revenant de l'école ...   puis ... ensuite ...   l'après-midi, ça dépend ...

ensuite ...   puis ... encore ...   le soir ...   enfin!

3

You live at the Z.U.P. Bel Air. Below, you see what your husband or wife does every day. How do you answer the question: *comment se passe sa journée?*

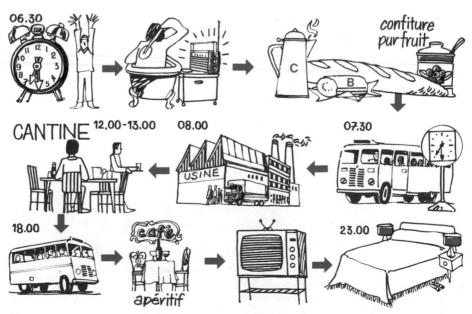

4

Comment passez-vous vos dimanches en général?

Lever	à cinq heures	à sept heures	à huit heures	à midi
Activités de la matinée	lecture	sport	lessive	ménage
Déjeuner	en famille	au restaurant	en ville	à la campagne
Activités de l'après-midi	promenade à la campagne	promenade en forêt	piscine	visite de la région
Dîner	à la maison	seul (e)	chez des amis	léger
Le soir	cinéma	télévision	musique	à la maison

a You're a hard working business man/woman, but at the week-end you cast all your cares aside and enjoy being with your family. You like visiting your friends, but nothing will stand in the way of your early morning cross-country run, or your late-night T.V. show. What's *your* typical Sunday like?

b Your teenage daughter has very different ideas about the week-end! Her Sundays are mostly spent recovering from Saturday, and as soon as she's up, she's out again, visiting friends, gadding around the countryside in fast cars, and going to see the latest film in the evening . . . What is *her* typical Sunday like?

9 Poitiers vous plaît?

Expressing likes, dislikes, and points of view

J'apprécie beaucoup Poitiers.

Pour moi c'est une ville agréable, et pour vous?

L'inconvénient, c'est qu'il n'y a jamais de places.

Je ne pense pas que Poitiers **soit** une ville **agréable**.

1

Que pensent les Poitevins, d'origine ou d'adoption, de leur ville? Les avis sont partagés. Voici d'abord l'opinion de Monsieur Coirault, Directeur d'un C.E.S.

Gérard	Poitiers est-elle une ville agréable?
M. Coirault	Je ne pense pas que Poitiers soit une ville agréable pour des gens qui ont habité Paris.
Gérard	Pourquoi?
M. Coirault	Parce qu'il y a très peu de distractions; à huit heures le soir tout le monde est enfermé à la maison, il y a très peu de cinémas – en un mot, c'est ce qu'on appelle le désert français.
Gérard	Il y a quand même des activités culturelles à Poitiers?
M. Coirault	Quelques-unes: il y a le théâtre qui donne une représentation à peu près tous les mois, mais l'inconvénient, c'est qu'il n'y a jamais de places parce que la représentation n'est donnée qu'une fois.
Gérard	Alors, que faites-vous pendant vos heures de loisir?
M. Coirault	Je fais mon jardin, je joue avec mon chien, et j'arrange ma maison.
Gérard	Les Poitevins, comment sont-ils?
M. Coirault	Les Poitevins sont très gentils quand ils vous connaissent bien, très désagréables quand ils ne vous connaissent pas.
Gérard	Mais la campagne autour de Poitiers est agréable?
M. Coirault	Ah ça c'est vrai. Elle est agréable pour les chasseurs, pour les promeneurs, elle est très verte, il y a de très jolis coins, de très beaux châteaux, c'est une région de promenade.

tout le monde est enfermé à la maison	*everyone is shut up at home*
le désert français	*(i.e.) a cultural backwater*
j'arrange ma maison	*I do up my house*
il y a de très jolis coins	*there are some very pretty spots*
l'inconvénient, c'est . . .	*the drawback is . . .*

Angles sur l'Anglin (Vienne)

2

Pour Monsieur Strawzynski, adjoint au Maire, Poitiers est sans aucun doute une ville agréable. Il aime Poitiers, ville où, à son avis, "on peut encore vivre de façon normale".

Claude	Est-ce que Poitiers est une ville agréable?
M. Strawzynski	Pour moi c'est une ville agréable, et pour vous?
Claude	Egalement, j'apprécie beaucoup Poitiers depuis deux ans.
M. Strawzynski	Bien, je vous remercie, c'est en effet une ville agréable, parce que c'est une ville ancienne où il y a de beaux monuments, qui n'est pas très grande et où on peut encore vivre de façon normale.
Claude	Est-ce que Poitiers a quelque chose d'original ou d'unique?
M. Strawzynski	Comme toutes les villes de France, elle est unique dans son genre, mais ce qu'elle a d'original au vingtième siècle, c'est d'être une ville qui n'a pas beaucoup changé depuis trois ou quatre siècles. Les rues sont toujours aussi étroites, elles ne sont pas faites pour l'automobile. Les monuments sont toujours sauvegardés et, d'une manière générale, on retrouve à Poitiers l'atmosphère qui était celle de la petite ville française historique d'autrefois. Mais il ne faut pas oublier que Poitiers a été aussi capitale de la France, et parce qu'elle a eu de grands seigneurs qui l'ont habitée – et même des rois anglais – elle a donc des grands bâtiments, des églises, des grandes salles, des palais, qui sont les restes de cette grande époque.
Claude	Qu'est-ce qu'il y a comme activités culturelles à Poitiers?

M. Strawzynski Il y a beaucoup d'activités culturelles parce que Poitiers est une ville universitaire. Et à cause de la présence des étudiants et des professeurs, il y a une vie culturelle très importante: on peut aller chaque soir au théâtre, au concert, voir des films tout nouveaux, se réunir; il y a une vie très importante qui est à la fois une vie sociale et une vie culturelle.

elle est unique dans son genre   *it's the only one of its kind*

Poitiers

Compréhension

Voici le point de vue de Catherine Walter. C'est une jeune femme qui a fait ses études à Poitiers; elle est maintenant professeur.

1 Quelle matière est-ce qu'elle enseigne?
2 Pourquoi est-ce qu'elle aime enseigner?
3 Est-ce qu'on peut aller au cinéma à Poitiers?
4 Qui est venu donner des concerts à Poitiers?
5 Du point de vue 'théâtre', que se passe-t-il?
6 Est-ce que, pour Catherine, la situation est très satisfaisante?

Claude   Qu'est-ce que vous faites comme métier?
Mme Walter Je suis professeur agrégé d'anglais et j'enseigne dans une école d'ingénieurs à des élèves qui ont entre dix-neuf et vingt-cinq ans.

Claude	Ça vous plaît?
Mme Walter	Oui, ça me plaît beaucoup. Oui, parce que ce sont quand même des étudiants, et non pas des élèves. On peut les traiter en adultes.
Claude	Et, est-ce que Poitiers vous plaît?
Mme Walter	Oui. J'aime bien Poitiers, peut-être parce que j'étais étudiante ici, alors . . . j'aime la ville, je trouve que c'est une belle ville aussi.
Claude	Qu'est-ce qu'on peut faire à Poitiers?
Mme Walter	Ah, oui alors, c'est le problème des distractions! On a quand même de bonnes salles de cinéma, mais au point de vue concerts et théâtres, jusqu'à ces dernières années c'était assez maigre. Cette année, je crois qu'il y a eu un bon départ, il y a eu une très bonne série de concerts, avec quand même des gens assez connus, comme Yehudi Menuhin, Cziffra, etcétéra . . . et puis du point de vue théâtre, il y a une troupe qui fait des spectacles tous les mois, je crois, mais enfin c'est pas formidable formidable.

Explications

1
Expressing your likes and dislikes as precisely as possible

Poitiers? Ah, c'est une ville que	j'aime assez j'aime bien j'aime	*(quite)*
	j'aime beaucoup j'apprécie beaucoup	*(very much)*
	j'adore j'aime énormément	*(enormously)*

● Depending upon how strongly you dislike something, you can say:

Je n'aime pas le théâtre.

Je n'aime pas vraiment le cinéma.　　(*not really*)

Je n'aime pas beaucoup le sport.
Je n'aime pas tellement lire.　　(*not much*)

Je n'aime pas du tout faire la vaisselle. (*not at all*)

Je déteste le judo.
J'ai horreur de ça!　　(*I hate it*)

● You may want to add that your likes or dislikes are a personal opinion:

À mon avis **De mon point de vue** **Pour moi**	Poitiers est une ville agréable.

● You may want to be more enthusiastic about something:

Oui,	c'est une ville très agréable. c'est une ville vraiment très agréable. c'est, sans aucun doute, une ville très agréable.

or, on the contrary, less enthusiastic:

Non, | ce n'est pas une ville agréable.
| ce n'est pas une ville agréable du tout.

Au contraire, c'est une ville extrêmement désagréable.

● You may want to express some reservations about your likes or dislikes:

C'est une ville agréable | pour ceux qui aiment la chasse.
| quand on aime les monuments historiques.

C'est une ville agréable, mais l'inconvénient, c'est qu'il n'y a pas de théâtre.
D'un côté, c'est une ville agréable, c'est vrai, mais de l'autre elle a des inconvénients.

2
Stating an opinion or belief

Je crois que
Je pense que | Poitiers est une ville charmante.
Je trouve que | Poitiers a une vie culturelle importante.

● When you say that you *don't* think something or other, **est** changes to **soit**, and **a** to **ait**:

Je **ne** crois **pas** que | Poitiers **soit** une ville charmante.
Je **ne** pense **pas** que | Poitiers **ait** une vie culturelle importante.

● To sum up what you have said:

Pour résumer
Pour tout dire
En un mot | c'est une ville splendide!
En somme

Informations

Poitiers capitale de la France

De 1418 à 1436 Paris est sous la domination anglaise et Poitiers est la capitale de la France.

Les grands seigneurs . . . les rois anglais

En 1152 Aliénor d'Aquitaine épouse Henri Duc de Normandie, comte d'Anjou et du Maine, futur Henri II Plantagenêt roi d'Angleterre. Leur cour à Poitiers est un lieu de rencontre pour les grands seigneurs de tout le Sud-Ouest de la France. N'oublions pas non plus Jeanne d'Arc qui, en mars 1429 lève une armée à Poitiers pour combattre les Anglais.

Paris et le désert français

Il arrive souvent que les Parisiens considèrent le reste de la France, la province, comme un désert où il n'y a rien à faire. On a certainement plus d'occasions de sortir dans une capitale, c'est vrai, mais tous les provinciaux ne s'enferment pas chez eux à huit heures du soir! C'est surtout dans le

Le Palais des Ducs d'Aquitaine à Poitiers.

domaine du théâtre que les provinciaux sont défavorisés.[1] Toutes les villes de province n'ont pas de compagnies ou troupes théâtrales. Elles doivent donc attendre les tournées[2] des compagnies parisiennes ou régionales pour aller au théâtre. De plus, ces représentations (ou spectacles) sont souvent données à 'guichet fermé', c'est à dire que toutes les places[3] sont louées à l'avance[4], en général par abonnement.[5]

1 *underprivileged* 2 *tours* 3 *seats*
4 *booked in advance* 5 *subscription membership*

'Il y a quand même des activités culturelles à Poitiers?'

Mais bien sûr! A la Maison de la Culture et des Loisirs par exemple:

MAISON DE LA CULTURE ET DES LOISIRS POITIERS
JEUDI 27 NOVEMBRE
"Ste-Jeanne-du-Larzac"
avec Patrick FONT, Philippe VAL et tous les créateurs parisiens
JEUDI 18 DECEMBRE
"Le Ver Solitaire"
de et par Daniel LALOUX
JEUDI 22 JANVIER
"L'Exception et la Règle"
de B. BRECHT par le Franc Théâtre de Villejuif
JEUDI 19 FEVRIER
"Pia Colombo" 1ère partie Maurice FANON
Récital à l'Amphithéâtre Descartes
HORS ABONNEMENT : Romain BOUTEILLE dans
"Le Cracheur de Phrases"
(Date non encore fixée)
ABONNEMENTS : 60 F pour la Saison

1

You're in a restaurant with a group of friends: **M**ichèle, **A**ndré, **J**acques, and **Y**ou ask everybody what they'd like; the chart marks how strongly they like or dislike what's on the menu:

	Likes	Adores	Dislikes	Hates
Menu Économique à 17,00F *vin compris*				
bœuf mayonnaise	Y	M		A
ou salade de tomates		A		
sardines à l'huile			J	M
Pâté de Campagne	J			Y
Steak frites		M		A J
ou Poulet - petits pois		Y	J	
Côte de veau - purée		A	Y	M
Salade				
fromages	A	J		
ou fruits		Y		
glaces		M	J A	Y
SERVICE: 15%				

1 How did *Michèle* (**M**) answer the following questions?

    a Tu veux des sardines à l'huile?
    b Alors, qu'est-ce que tu veux comme hors d'oeuvres?
    c Ensuite, qu'est-ce que tu prends?
    d Et comme dessert, tu veux une glace?

2 and how did *André* (**A**) answer these questions?

    a Toi aussi, tu veux un oeuf-mayonnaise?
    b Tu prends un steak-frites?
    c Comme dessert tu veux une glace, non?

3 and *Jacques* (**J**)?

    a Tu aimes les sardines à l'huile?
    b Et le pâté de campagne?
    c Ensuite, qu'est-ce que tu veux?
    d Et comme dessert?

4 Assuming that everybody ordered what they liked most what did *you* (**Y**) finally order for yourself?

2

Where should you spend your holiday in France?

You LOVE swimming ⌇ cinema C theatre T fishing ⌇

You LIKE places of historical and cultural interest ⌂

You HATE crowded places ⚲ ⚲ ⚲

You WANT a cheap hotel ⌂* and you want to play tennis. ⚲

Boutonnay-sur-Rive (Charente Maritime)	⌂**** ⚲⚲⚲⚲ ⌇ C T ⚲
Saint-Madec (Finistère-Sud)	⌂* ⌇ ⌇ ⌂
Le Touldu (Côtes du Nord)	⌂** ⌇ C T ⚲ ⌇
Calembour (Manche)	⌂* ⚲⚲⚲⚲ ⌇ C ⌇
Vire-plage (Calvados)	⌂*** ⚲⚲⚲⚲ ⌇ ⌂
La Maule (Loire-Atlantique)	⌂* ⌇ C T ⚲ ⌇ ⌂

The receptionist at the Tourist Office makes several helpful suggestions, but in all cases except one you see the drawbacks of each resort. What do you say to her?

L'hôtesse	Boutonnay-sur-Rive, c'est agréable, non?
Vous	Oui, mais l'inconvénient, c'est que les hôtels sont trop chers, qu'il y a trop de monde, qu'on ne peut pas pêcher, qu'il n'y a pas de monuments à visiter.
L'hôtesse	Mais Saint-Madec, c'est agréable, non?
Vous	Oui, mais ....
L'hôtesse	Et Le Touldu?
Vous	Oui, mais ....
L'hôtesse	Mais Calembour, voilà ce qu'il vous faut!
Vous	Oui, mais ....
L'hôtesse	Et Vire-plage, ça vous plaît?
Vous	Oui, mais ....
L'hôtesse	Et La Maule?
Vous	....

3

You're visiting Paris for the third time. You have quite definite views on the place, so you're ready to air them when asked. Imagine the conversation:

Un client	Vous êtes français(e)?
Vous	(say whether you are or not)
Un client	C'est la première fois que vous venez à Paris?

Vous	(it's the third time)
Un client	Est-ce que, pour vous, Paris est une ville agréable?
Vous	(you think it's very pleasant, but you add that there's a drawback – in your opinion there are too many cars in the streets which are too narrow and not made for cars)
Un client	C'est vrai; mais est-ce qu'il y a des choses que vous aimez faire à Paris?
Vous	(you *love* going to *le Musée du Louvre*, book-shops and eating out, and you like sitting in cafés and listening to people talking)
Un client	Je peux vous offrir quelque chose? Qu'est-ce que vous buvez?
Vous	(you ask for a cup of tea with milk)
Un client	Vous voulez rire! Il est sept heures, prenez-donc un apéritif.
Vous	(you don't like alcoholic drinks)
Un client	Ah bon! Garçon! Un Ricard et un thé, s'il vous plaît!

4

You're at a party in France:

Une invitée	Vous voulez une tranche de jambon?
Vous	(No thank you, you hate ham)
Une invitée	Mais il est très beau ce jambon!
Vous	(Yes, perhaps, but you don't like French ham very much)
Une invitée	Quel jambon aimez-vous alors?
Vous	(You find English ham the best in the world)
Une invitée	Vous plaisantez! Mais . . . vous êtes anglais?
Vous	(You are British, Welsh (*gallois*) in fact)
Une invitée	Ah! Vous parlez un excellent français!
Vous	(Thank you but the drawback with the French language is that there are too many difficult verbs)
Une invitée	Vous n'aimez pas le jambon français, vous n'aimez pas le français . . . qu'est-ce que vous aimez en France?
Vous	(You love the countryside and les Châteaux de la Loire)
Une invitée	Ma foi! Pourquoi pas!

Racontez-moi comment vous avez gagné votre médaille
Saying what you did and where you went

J'ai battu le record de France **J'ai eu** le bouquet
Est-ce que vous **êtes allé** en Angleterre?
Je suis | **restée** avec les garçons   **arrivée** la première

1

Poitiers a eu ses heures de gloire dans le passé (voir chapitre 9) mais actuellement, qui est célèbre à Poitiers? Tout d'abord, Yvan Nanot, champion de France de saut à la perche:

Claude   Quel âge avez-vous?
Nanot   Dix-sept ans.
Claude   Vous êtes encore jeune!
Nanot   Ah, oui!
Claude   Racontez-moi comment vous avez gagné votre médaille.
Nanot   Bien, j'ai gagné le concours du saut à la perche cadet, j'ai battu le record de France en même temps, j'ai fait quatre mètres quatre-vingt dix, et le second a fait quatre mètres trente.
Claude   C'est très bien! Pourquoi avez-vous choisi le saut à la perche?
Nanot   Bien, c'est en faisant du saut en hauteur que j'ai connu le saut à la perche. Puis, comme à la fin de la première année ça marchait assez bien, j'ai continué.
Claude   Racontez-nous une journée d'entraînement.
Nanot   On commence par un échauffement, qui dure à peu près une demi-heure; c'est un footing. Ensuite on prend les perches et on saute.
Claude   Faites-vous un régime?
Nanot   Non.
Claude   Vous mangez ce que vous voulez?
Nanot   Oui, je mange exactement ce que je veux.

Claude	Est-ce que vous fumez?
Nanot	Non, je ne fume pas.
Claude	Est-ce que vous buvez?
Nanot	Oui, un peu, à l'occasion!
Claude	Est-ce que vous êtes allé en Angleterre?
Nanot	Je suis allé en Angleterre au mois d'août pour faire un match France/Angleterre.
Claude	Quel est votre but sportif?
Nanot	Je voudrais participer aux Jeux Olympiques.

SPORT POUR TOUS

Comité
National
Olympique et
Sportif
Français

le saut à la perche cadet	*junior pole-vault*
le saut en hauteur	*high-jump*
ça marchait assez bien	*things were going quite well*
un footing	*running (warming up for athletics)*
à l'occasion	*from time to time*
faites-vous un régime?	*are you on a diet?*

2

Le cyclisme est, sans aucun doute, un sport masculin très populaire en France. Michèle Charcelay est donc une exception: elle est une des rares femmes 'coureur cycliste':

Claude	Vous êtes combien en France à faire du cyclisme?
Michèle	A Poitiers, je suis la seule fille à faire cela, et dans la Vienne on est quatre. Et sur toute la France, il y a un pourcentage très faible de filles par rapport aux garçons qui font de la compétition cycliste.
Claude	Est-ce que par rapport aux garçons c'est beaucoup plus difficile?
Michèle	En général, on dit souvent que c'est plus difficile, beaucoup plus difficile pour une fille que pour un garçon eh . . . moi je ne sais pas tellement, mais en général les garçons sont beaucoup plus forts que les filles.
Claude	Vous avez quel âge?
Michèle	Dix-sept ans, enfin, dix-sept ans et demi.
Claude	Et vous pouvez me raconter une journée d'entraînement?
Michèle	Euh, une journée avec le club, ou toute seule?
Claude	Avec le club, par exemple.
Michèle	L'hiver, à partir du mois de janvier, tous les dimanches matins, on a rendez-vous à neuf heures, en ville à Poitiers, et on part pour soixante kilomètres pour moi, mais les seniors en font plus.
Claude	Et une journée d'entraînement particulière?
Michèle	Ben, là, je la fais toute seule. Je pars d'ici, et je vais dans les environs, dans la campagne, sur les petites routes, pour éviter les voitures.
Claude	Et vous arrêtez quelquefois?

Michèle	Le vélo? Je dis, j'arrête difficilement, parce que j'aime vraiment ça, mais, en ce moment, là, les compétitions sont finies; enfin, j'ai arrêté l'entraînement, je fais du vélo comme ça, des promenades.
Claude	Et vous voulez en faire votre métier?
Michèle	Ah, le métier de coureur cycliste pour les femmes, ça n'existe pas.
Claude	Vous pouvez me raconter la première fois que vous avez gagné?
Michèle	Moi, je ne sais pas, je ne sais pas quoi vous dire. Enfin, je suis restée avec les garçons deux tours et puis euh . . . les autres filles étaient déjà loin derrière moi et je suis arrivée la première quoi, j'ai eu le bouquet, la coupe, tout ça.

une journée d'entraînement particulière	a typical day's training on your own
les seniors	cyclists over 19 but under 35
je suis restée avec les garçons deux tours	I kept up with the boys for two laps
vous voulez en faire votre métier?	do you want to turn professional?
le métier de coureur cycliste	professional competition cycling

Compréhension

La conversation entre Claude et Michèle Charcelay continue:

1 Pourquoi aime-t-elle tant le cyclisme?
2 Est-ce que Michèle suit un régime?
3 Que pense-t-elle du doping?
4 Est-ce qu'elle fume?
5 Qu'est-ce qui arrive aux coureurs qui fument?

Claude	Pourquoi vous aimez tant le cyclisme?
Michèle	Je ne sais pas, pour moi, c'est, enfin, c'est merveilleux, sur mon vélo, là je suis bien. C'est agréable, on est vraiment en contact avec la nature et puis la compétition, on est en contact avec beaucoup d'autres coureurs cyclistes, de gens, et c'est vraiment une ambiance très sympathique, enfin je n'ai jamais trouvé une ambiance comme ça ailleurs.
Claude	Est-ce que vous préférez monter ou descendre?
Michèle	Les descentes ça passe très vite, et quand on veut aller vraiment vite c'est . . . il y a une tension nerveuse – il faut faire attention aux virages, tout ça. Evidemment c'est plus agréable de descendre que de monter, mais j'aime bien monter aussi.
Claude	Est-ce que vous suivez un régime?
Michèle	Pas spécialement mais il faut suivre un régime, surtout le jour de la course, et autrement, il ne faut pas faire d'excès. Surtout ça.
Claude	Est-ce que vous vous dopez?
Michèle	Certainement pas! Surtout, le doping, ça peut avoir une influence néfaste sur tout l'organisme et compromettre la suite de la saison.
Claude	Fumez-vous?
Michèle	Ah, non, non plus . . . c'est vraiment très décommandé aussi et je connais certains coureurs qui ont voulu fumer, mais ils ne pouvaient même pas respirer euh . . . en faisant du vélo, quoi. On est presque obligé de ne pas fumer si on veut faire du vélo.

1
Talking about the past

To say what you *did*, or what happened, you use the parts of the verb **avoir** in the present tense, with the *past participle*.

Verbs ending in -**er** in the infinitive have a past participle in -**é**:

gagner: **gagné**

acheter: **acheté**

J'ai **gagné** la médaille.

Most verbs ending in -**ir** in the infinitive have a past participle in -**i**:

choisir: **choisi**

finir: **fini**

Pourquoi avez-vous **choisi** le saut à la perche?

Most verbs ending in -**re** in the infinitive have a past participle in -**u**:

battre: **battu**

descendre: **descendu**

Yvan Nanot a **battu** le record.

Some verbs form their past participle differently:

avoir: **eu**

faire: **fait**

Michèle Charcelay a **eu** le bouquet
Les deux garçons ont **fait** quatre mètres.

See p. 115 for more information.

● To say where you *went* you use parts of the verb **être** in the present tense with the appropriate past participle:

aller: all**é(e)**;
retourner: retourn**é(e)**;
revenir: reven**u(e)**

Je **suis** retourn**é(e)** à la maison.
Je **suis** all**é(e)** en Angleterre au mois d'aôut.
Il **est** reven**u** à midi.

You also use **être** instead of *avoir* with a small group of verbs expressing a general idea of movement:

Partir (parti/e): **Je suis parti(e)** à la campagne.
Entrer (entré/e): **Elle est entrée** dans le salon.
Rester (resté/e): **Michèle est restée** avec les garçons.
Arriver (arrivé/e) **Je suis arrivée** la première.

The most common verbs used with **être** are:

aller/allé(e)	venir/venu(e)
entrer/entré(e)	sortir/sorti(e)
partir/parti(e)	rester/resté(e)
descendre/descendu(e)	monter/monté(e)
arriver/arrivé(e)	retourner/retourné(e)

All reflexive verbs are also used with **être**:

Je me suis levé(e) à cinq heures ce matin.
Nous nous sommes rencontré(e)s au centre-ville.

With **être** the past participle behaves like an adjective – i.e. it agrees (but this does not always affect the pronunciation of the past participle).

The participle takes: **'e'** if you are talking about a woman, **'s'** if you are talking about men, or men and women, **'es'** if you are talking about women.

Michèle est **restée** avec les garçons.
Yvan Nanot est **allé** en Angleterre.
Les filles sont **allées** en ville, à bicyclette.
Michèle et Yvan sont venu**s** parler à Claude.

● If you have been doing two things *at the same time* you can say:

J'ai battu le record de France, **en même temps** j'ai fait quatre mètres trente.
C'est en faisant du saut en hauteur que j'ai connu le saut à la perche.

● To say what things *were* like (for example, the holiday *was* nice, or tiring you say:

	sympathique.
	formidable.
Les vacances? C'**était**	merveilleux.
	agréable.
	fatigant.

Les filles **étaient** derrière moi. (*the girls were behind me*)
La piscine **était** fermée. (*the swimming pool was closed*)
J'**étais** en retard (*I was late*)

Informations

Le cyclisme en France

Tous ceux qui font du vélo (de la bicyclette) sont des cyclistes. Mais ceux qui participent à des épreuves/concours/compétitions sont des *coureurs cyclistes*. L'épreuve cycliste la plus connue et la plus populaire en France est bien sûr *le Tour de France*, créé en 1903. C'est une épreuve en plusieurs étapes de plus de cent kilomètres chacune. Beaucoup de petites villes organisent des courses cyclistes. Le vainqueur reçoit une gerbe (un bouquet de fleurs) et une coupe, et est, en général, embrassé par la Reine du Comité des Fêtes (*local beauty queen*).

Le sport en France est organisé par le secrétariat d'État auprès du Ministre chargé de la Jeunesse et des Sports. Dans chaque département, il y a un Inspecteur de la Jeunesse et des Sports. Mais il existe aussi des Associations sportives privées ou semi-privées comme l'A.S.P.T.T. (Association Sportive des Postes et Télécommunications) dont fait partie Yvan Nanot.

Le sport à Poitiers

Poitiers a reçu en 1971 la coupe de la Ville la plus sportive de France.

Pour 90.000 habitants il y a:

- 42 plateaux de jeux et 16 stades offrant 20 terrains de football et rugby,
- 28 tennis,
- 6 piscines (dont une Olympique),
- 40 gymnases et salles couvertes,
- 1 golf,
- 2 boulodromes,
- 1 stand de tir,
- 1 centre équestre avec un manège Olympique,
- 1 club de voile,
- 1 aéroclub avec pratique du vol à voile et du vol à moteur,
- 1 patinoire Olympique,
- 4 trampolines,
- 1 salle omnisports de 2 000 places avec annexes pour le judo, l'escrime, la danse, etc.,
- une zone sportive universitaire de 18 hectares.

Exercices

1

Qui est le coupable?

A bank robbery in Poitiers in broad daylight! You have the difficult task of rounding up suspects. You've drawn up the black list, and at the police-station you've interrogated each in turn. This is the information that each suspect gave you:

1 **François Parat**: Had an apéritif with some friends between 12 and 12.30 at the *Café de la Place.* Went home for lunch. Bought some steak on his way. Went back to work at 2 p.m.

2 **Marc Bardet**: Was on duty (*de service*) at the garage where he works. Replaced a tyre on a car registered 480 TC 86. Had a quick drink (*un petit verre*) at the *Café de la Porte de Paris* and went straight back to the garage afterwards.

3 **Sébastien Chapot**: Went with some friends to the swimming-pool. They stayed there until 1.45. Then he went back to work by car.

4 **Marie-Ange Gorgeon**: As usual went to the swimming-pool bar to have a sandwich and a coffee but the swimming-pool was closed. So took a bus to the town-centre and went to the hairdresser.

a How did each of them answer your question:
  "Qu'est-ce que vous avez fait mardi dernier entre midi et deux heures?"
b Who is lying?

2
Your friends Anne-Marie and Jeanne have been away on holiday.

a	b ANNE-MARIE	c JEANNE
when?	in August	15 days ago
for how long?	2 weeks	10 days
where?	Chamrousse near Grenoble	in Paris at friends'
what they did	walking (*a lot*) television (*often*) playing cards (*sometimes*)	concert (*several times*) cinema theatre (*only once*) Eiffel Tower (*saw it*)
the people they met	a German businessman (*very nice*) an English actress (*very pleasant*)	an American engineer a petrol-pump attendant from Poitiers
what was it like?	marvellous but tiring	very nice

You want to know all about it . . .

a What questions do you ask?
b What does Anne-Marie tell you?
c And Jeanne?

3

You're interviewing for *Sur le vif* – you stop a passer-by in the street. What does she say?

Vous	Bonjour Madame.
La passante	(she greets you)
Vous	Est-ce que je peux vous poser quelques questions?
La passante	(she doesn't like that very much – but agrees)
Vous	Qu'est-ce que vous avez fait hier?
La passante	(she says she slept all day)
Vous	Ah! Alors, qu'est-ce que vous avez fait *avant*-hier?
La passante	(she says her car broke down – she went to the garage)
Vous	Quoi d'autre?
La passante	(she says she went to the bank)
Vous	Oui, et puis?
La passante	(she says she did some shopping, she bought some fruit and vegetables)
Vous	Et ensuite?
La passante	(she says she went back home at 6 p.m.)
Vous	Et plus tard, chez vous?
La passante	(she didn't have anything to eat, but had a bath, went to bed and read *A la recherche du Temps Perdu*.
Vous	Ah, bon. Merci beaucoup, Madame!
La passante	Je vous en prie. Au revoir!

4

Every day you make a list of what you have to do. Here is Tuesday's list.
By Tuesday evening, you managed to do everything – tell your husband, wife or friend what you did that day:

```
To DO      Tuesday
1 phone Angela ✔ ✔
2 go to the library ✔
3 shopping at the Co-op ✔
   (butter, eggs, cheese) ✔
4 go to the bank ✔
5 revise chapter 9 of ✔
   'Sur le Vif'
6 write to Auntie Ursula ✔
7 buy a bottle of ✔
   Saint-Raphaël ✔
8 invite John for a drink
```

5

Fill in the gaps in this letter – you will need the following verbs: changer, espérer, rentrer, repartir, prier, rencontrer, venir, écrire, avoir, être, aller (but not in that order!)

Richmond le 15 décembre 1976.

Chère Aude,

Bientôt trois semaines que je _____¹_____ en Angleterre et je ne vous _²_ pas encore _³_ pour vous remercier de votre gentillesse. Je vous _⁴_ de m'excuser.

Depuis mon retour, j'_⁵_ beaucoup de travail et ma sœur _____⁶_____ pour quelques jours avec ses quatre enfants. Ils _⁷_ tous _____⁸_____ hier.

A propos, j'_⁹_____ Paul Renan, tout à fait par hasard, à la gare Victoria. Il _¹⁰_ beaucoup _¹¹_ depuis l'année dernière.

Mais vous, comment _¹²_-vous ? J'_¹³_ vous revoir bientôt.

Bien amicalement à vous

Roselyne de Médeur

Further comprehension scenes

1

Un représentant en vins.

Claude	Bonjour, monsieur.
Le client	Bonjour, madame.
Claude	Vous venez souvent ici?
Le client	Oh, deux ou trois fois par semaine, au moins.
Claude	C'est à dire le matin, le midi, le soir?
Le·client	Le midi.
Claude	Pour boire un apéritif?
Le client	Boire un apéritif, et déjeuner.
Claude	Vous mangez ici?
Le client	Je mange ici, oui, oui.
Claude	Pourquoi choisissez-vous ce café?
Le client	C'est sympathique, et on est très bien: l'ambiance est bonne.
Claude	Donc vous rencontrez des amis ici?
Le client	Oui, oui, oui. Des amis dans le métier déjà car je suis représentant.
Claude	En quoi?
Le client	En vins et en boissons.
Claude	Vous habitez Poitiers ou à l'extérieur?
Le client	A l'extérieur: je suis de Bordeaux.

2

Est-ce que Claude a un jardin?

Claude	Nous avons un terrain qui n'est pas très loin d'ici, un grand jardin avec des arbres fruitiers, et une grande allée pour entrer. Il y a des poiriers, il y a des pommiers aussi, des cerisiers, des abricotiers sans abricots, bien sûr, un pêcher sans pêches, qu'est-ce qu'il y a encore, des noisetiers et elles sont bonnes. (*les noisettes!*)
Mme Renaud	Avez-vous un marché dans votre quartier?
Claude	Un tout petit marché avec à peine une dizaine de commerçants. Un boucher, un charcutier, un poissonnier, quelques marchands de légumes, un marchand de vaisselle à la rigueur, et c'est à peu près tout.

3

Estelle prend son déjeuner.

Claude	Il est midi. Estelle, viens manger! Viens vite.
Estelle	Ha ha ha ha!
Claude	Assieds-toi Estelle. Tu aimes la banane? Avec du sucre?
Estelle	Mmmm.
Claude	Oui.
Estelle	Oui.

Claude	Estelle, tourne la tête. Dépêche-toi! C'est presque fini. Regarde.
Estelle	Hmmm.
Claude	Tu n'as qu'à manger. Dépêche-toi, ça coule.
Estelle	J'ai encore dans la bouche, maman.
Claude	Alors on ne parle pas quand on en a dans la bouche. Non, essuie ta bouche avec ta serviette. Pas avec le torchon. Et ouvre la bouche.
Estelle	J'ai fini, maman?
Claude	Pas encore. Encore un peu. Très bien.

le torchon   *tea-towel*

Answers to exercises

CHAPTER 1

1

1 **Bouresse:** Je suis photographe. / J'habite quinze, rue des Ecossais. / Oui, je mange ici. / Oui, je viens de temps en temps. / Je viens avec des amis. / A midi.

2 **Chaumière:** Je suis dentiste. / J'habite trois, rue Gambetta. / Non, je ne mange pas ici. / Oui, je viens souvent. / Je viens seul. / A dix heures du soir.

3 **Fâcheux:** Je suis coiffeur. / J'habite cinquante-huit, boulevard de Verdun. / Oui, je mange ici. / Oui, je viens assez souvent. / Je viens avec des amis. / A six heures du soir.

4 **Mariel:** Je suis médecin. / J'habite vingt et un, rue Bourbeau. / Non, je ne mange pas ici. / Oui, je viens de temps en temps. / Je viens seul. / A sept heures du matin.

5 **Villesange:** Je suis professeur de danse. / J'habite huit, rue Thibaudeau. / Oui, je mange ici. / Oui, je viens souvent. / Je viens seule. / A neuf heures du soir.

2

(Est-ce que) vous venez souvent ici? / (Est-ce que) vous venez seule ou avec des amis? / Qu'est-ce que vous buvez? / Jamais d'alcool? / Deux jus de fruit, s'il vous plaît! / Vous êtes de Paris? (Etes-vous de Paris?) / (Est-ce que) Poitiers est loin de Paris? / Est-ce que vous aimez Poitiers? / Qu'est-ce que vous faites dans la vie? / Pourquoi venez-vous ici? / Qu'est-ce que c'est?

3a

You ask all of them Qu'est-ce que vous buvez?
You ask all of them Qu'est-ce que vous mangez?
You ask Mme Ducachet, M. Ledoux, Mlle Rovilois, M. Chabert (Est-ce que) vous venez souvent ici?
You ask M. Viray Quand est-ce que vous venez ici?
You ask them all Où habitez-vous? *and* Qu'est-ce que vous faites dans la vie?

3b

M. Ledoux Je bois du vin blanc. / Je ne mange rien. / Je viens souvent ici. / J'habite Poitiers. / Je suis retraité.

M. Viray Je bois un Ricard. / (Je ne mange) rien. / Je viens ici le midi. / J'habite Chauvigny. / Je suis technicien.

Mlle Rovilois Je bois un café. / Je mange un sandwich. / Je viens ici quelquefois. / J'habite Bordeaux. / Je suis étudiante.

M. Chabert Je bois du vin rouge. / Je mange un steak-frites. / Je viens ici rarement. / J'habite Rennes. / Je suis commerçant.

4

1 Poitiers 2 environs 3 ici 4 plaît 5 préférées 6 fois

CHAPTER 2

1

1 Qu'est-ce que vous faites comme travail?
2 Vous êtes un homme d'affaires?
3 Est-ce que vous voyagez beaucoup?
4 Où voyagez-vous?
5 (Est-ce que) vous voyagez toujours en (par) avion?
6 A quelle heure est-ce que vous partez de Poitiers?
7 Et vous arrivez à Lyon à quelle heure?
8 Quand est-ce que vous revenez?

2

a5; b4; c6; d1; e3; f2

3

a 1 **Mme Marceau** Je suis professeur. / J'y vais en bus. / Le trajet dure un quart d'heure à une demi-heure / Je commence mon travail à huit heures et demie le matin. / A cinq heures et demie le soir. / C'est intéressant. / Ils sont dynamiques.
2 **M. Verger** Je suis boulanger. / J'y vais à pied. / Le trajet dure trois minutes. / Je commence mon travail à quatre heures le matin. / A onze heures le soir. / C'est épuisant. / Ils sont jeunes.

b 1 Et comment sont vos collègues?
2 Comment trouvez-vous votre travail?
3 Comment est-ce que vous allez à votre travail?
c 1 Deux personnes trouvent leurs collègues sympathiques.
2 Une personne trouve son travail fatigant.
d C'est M. Verger qui travaille le plus.

4

1 Comment vous appelez-vous? (Quel est votre nom?) Je m'appelle Daniel Fox.
2 Où habitez-vous en France? J'habite trente-neuf, rue Carnot à Poitiers.
3 Quand êtes-vous né? (Quelle est votre date de naissance?) Le dix-huit février, dix-neuf cent dix-huit.
4 Vous êtes de quelle nationalité? Je suis britannique.
5 Combien d'enfants avez-vous? J'ai deux enfants.
6 Que faites-vous comme travail? Je suis technicien.
7 Et votre femme, qu'est-ce qu'elle fait? Elle est artiste.
8 Et vos enfants, que font-ils? J'ai un enfant qui est professeur, et j'ai un enfant qui est dentiste.

5a

1 (Est-ce que) vous êtes de Poitiers?
2 (Est-ce que) vous habitez actuellement Poitiers?
3 Quel âge avez-vous?
4 Que faites-vous comme métier (travail)?

5b

1 Qu'est-ce que c'est?
2 Où?
3 Quand est-ce que je commence?
4 Et à quelle heure est-ce que je termine le soir?
5 (Est-ce que) vous avez une voiture?
6 Est-ce que il y a un bus pour y aller (le matin)?

CHAPTER 3

1

1 Il part à sept heures neuf.
2 Vous avez deux possibilités: il y a un rapide qui part de Poitiers à neuf heures vingt-quatre et qui arrive à Bordeaux à onze heures trente-quatre, et il y a aussi le Trans-Europe Express qui part de Poitiers à dix heures trois pour arriver à Bordeaux à onze heures cinquante-sept.
3 Vous avez un train qui part de Poitiers à une heure trente-trois et qui arrive à Châtellerault à une heure cinquante-cinq; il y a un autre train qui part de Poitiers à cinq heures quarante-neuf et qui arrive à Châtellerault à six heures vingt-six; il y a un autre train qui part à sept heures neuf et qui arrive à sept heures vingt-sept; il y a un train qui part à huit heures cinquante et qui arrive à neuf heures neuf; et finalement il y a un train qui part à onze heures vingt-deux qui arrive à onze heures quarante et une.
4 Le train de douze heures quinze ne circule pas le samedi. Vous devez prendre le train qui part de Poitiers à onze heures cinquante-trois et qui arrive à Angoulême à douze heures quarante-huit.
5 Le train d'une heure cinquante-six ne prend pas de voyageurs en deuxième classe.
6 Le train de neuf heures quarante-huit ne circule pas le dimanche.
7 Le train de cinq heures cinquante ne s'arrête pas à Ligugé.
8 Non, le train de dix-sept heures vingt-quatre ne circule pas le mercredi.

2

1 Non, il n'y a pas d'avion pour Montpellier le soir, mais il y a un avion le matin à sept heures et demie.
2 Vous avez (il y a) un avion le matin à sept heures et demie.
3 Non, il n'y a pas d'avion Poitiers-Nice le dimanche.
4 Le trajet dure une demi-heure.
5 Non, vous ne pouvez pas y aller en (par) avion.

3a

1 Vous continuez (filez) tout droit. C'est en face.
2 Vous tournez à droite et c'est tout droit.
3 Vous traversez la Place de la Liberté et vous prenez la Rue Drault, et puis vous prenez la deuxième rue à gauche, et c'est à gauche.

3b

1 Pour aller au lycée, s'il vous plaît?
2 Pour aller au Parc de Blossac, s'il vous plaît?
3 Pour aller à l'Office du Tourisme, s'il vous plaît?

Chapter 4

1

a Ma maison est en Languedoc. Elle est plus récente et dans un village. Elle a entre deux et quatre pièces; ses murs sont en bon état, et il y a de grandes fenêtres. Son jardin est assez grand.
b Sa maison est en Bretagne. Elle est très ancienne. Elle a plus de huit pièces; ses murs sont à réparer; et il y a de nombreuses fenêtres. Son jardin est très grand.

2

a J'habite un appartement dans un bel immeuble au centre de Saint-Benoît. J'ai cinq pièces et deux salles de bains. Il y a le chauffage central. J'ai le téléphone. J'habite au deuxième étage, mais il y a un ascenseur.

b J'habite un appartement clair et calme dans un bon immeuble, deux, rue de l'Ormeau, à Buxerolles. J'ai deux pièces, une entrée, une cuisine, une salle de bains et un W.C. J'ai le téléphone.

c J'habite un appartement très calme et clair dans un immeuble neuf, quarante-six, rue des Ecoles, à Buxerolles. J'ai un salon, une salle à manger, deux salles de bains, quatre chambres et une cuisine équipée. Il y a de la moquette par terre, j'ai le téléphone, et il y a un parking. J'habite au quatrième étage, mais il y a un ascenseur.

3

a Employé S.N.C.F., célibataire, 39 ans, grand, distingué, sérieux, affectueux, 3500 mensuel, voit., ép. veuve, 30–40 ans, aimant vie de famille, sérieuse, gentille, petite, rousse.

b 40 ans, célibataire, grande et blonde, passionnée par sa profession, rencontr. homme gentil, situat. sans importance.

4

CHAPTER 5

1

1 Vous pourriez (voulez) lui téléphoner, s'il vous plaît?
2 Vous pourriez la garder, s'il vous plaît?
3 Vous pourriez le nettoyer ce matin, s'il vous plaît?
4 Vous pourriez me donner quelques billets de dix francs, s'il vous plaît?
5 Voudriez (pourriez) – vous monter mes bagages dans ma chambre, s'il vous plaît?
6 Voudriez-vous me servir le petit déjeuner, s'il vous plaît?

2

Pelez *et* coupez *les pommes, puis* faites-*les macérer dans du cognac et du sucre. Dans un saladier, versez cent cinquante grammes de farine, le sel, un jaune d'oeuf, un demi-litre de lait.* Mélangez. *La pâte doit être onctueuse.* Ajoutez *le blanc en neige.* Enrobez *les tranches de pâte et* glissez-*les dans l'huile chaude.* Posez *les beignets sur du papier absorbant.* Sucrez.

3

1 J'ai mal aux dents. (f)
2 Mon fils a mal à la tête, aux oreilles et à la gorge. (b)
3 Mon mari a mal au ventre. (e)
4 J'ai mal aux jambes, au genou, à la cheville et à la plante du pied. (a)
5 Les jumelles ont mal à l'épaule, au poignet et à la main. (c)
6 J'ai mal aux yeux. (d)

4

1 ta 2 toi 3 mon 4 tu 5 plus 6 m' 7 vous 8 vous 9 au 10 vous 11 au 12 les 13 t' 14 toi
15 tu 16 mon 17 aux 18 à 19 sa 20 mes 21 t' 22 leurs 23 moi 24 t' 25 ton

5

1 Pourquoi (est-ce que) tu pleures?
2 Où est ta maman?
3 Comment tu t'appelles?
4 Et quel est ton nom de famille? (Bruno comment?)
5 Quel âge as-tu?
6 Où est-ce que tu habites?
7 Quelle église?
8 Est-ce que c'est loin? (C'est loin?/Est-ce loin?)
9 Viens avec moi. (Tu veux venir avec moi?)

CHAPTER 6

1

Vous désirez, Monsieur? (Qu'est-ce que je vous sers?/Qu'est-ce qu'il vous faut?)
Lesquelles voulez-vous?
C'est tout?
Quelle crème à raser?
Et quelle lotion après-rasage?
Ça (vous) fait vingt-six francs soixante.

2

Hercule Maigret, Impasse Eurêka, Paris cinquième; sept cent sept, trente et un,
trente et un.
Cinq heures ce matin, corps homme non identifié – découvert noyé Le Clain.
Dix-sept cent cinquante (mille sept cent cinquante) francs faux billets sur lui.
Prosper.
Prosper Futé, Hôtel Bon Repos, Poitiers; quarante-neuf, quarante-deux, vingt-
neuf, trente-deux.

3

299 BB 14; 582 HT 22; 705 RV 31; 426 LM 86; 342 KC 50; 178 AC 19.

4

a Je voudrais une livre de beurre demi-sel, s'il vous plaît.
Deux cent cinquante grammes de café en grains et une douzaine d'oeufs
fermiers, s'il vous plaît.
Oui, merci.

b C'est à moi. *La Nouvelle République*, s'il vous plaît.

c Je voudrais (il me faut) des oranges, s'il vous plaît.
   Lesquelles sont les meilleures?
   J'en voudrais (il m'en faut) un kilo, s'il vous plaît.
   Je voudrais des pamplemousses juteux, s'il vous plaît.
   J'en voudrais trois, s'il vous plaît.

d Dix-huit francs.

CHAPTER 7

1

1a Lequel me conseillez-vous?; b Le plus grand.

2a Lequel me conseillez-vous?; b Le Bourgogne.

3a Lesquelles me conseillez-vous?; b Les plus chères (les chaussures à sept cent deux francs quatre-vingt quinze centimes).

4a Lequel me conseillez-vous?; b Le plus long.

5a Laquelle me conseillez-vous?; b Celle qui est brodée de fleurs. (Celle-là/Celle-ci)

6a Lesquels/laquelle me conseillez-vous? (*Les gants/une paire de gants*); b Ceux-ci/celle-ci, en cuir.

2

1 faux; 2 vrai; 3 faux; 4 vrai; 5 faux; 6 faux; 7 faux.

3

1a Comment faut-il la laver? b Il faut la laver à la main dans une eau à trente degrés.

2a Comment faut-il les laver? b Il faut les laver à la machine dans une eau à quarante degrés.

3a Comment faut-il les laver? b Il faut les laver à la machine dans une eau à quatre-vingt quinze degrés.

4a Comment faut-il le laver? b Il ne faut pas le laver!

5a Comment faut-il le laver? b Il faut le laver à la machine dans une eau à soixante degrés.

6a Comment faut-il les laver? b Il faut les laver à la machine dans une eau à quatre-vingt quinze degrés.

4

Vous désirez?
Je voudrais une paire de gants.
Qu'est-ce qu'il vous faut comme taille?
Euh! Je ne sais pas.
Vous voulez me montrer votre main?
Oui, bien sûr.
Il vous faut du sept et demi.
Du sept et demi, très bien.
Quel genre de gants voulez-vous exactement?
J'hésite un peu. Qu'est-ce que vous me conseillez?
Vous voulez des gants en laine, ou des gants en cuir?
Quelle est la différence?
Monsieur, vous vous moquez de moi!

CHAPTER 8

1

a Quelques-uns travaillent à l'émaillerie ou à l'imprimerie, quelques-uns font des diapositives. Il y en a aussi qui font le nettoyage et le balayage; il y a aussi un cuisinier et un infirmier.

b Le travail leur permet de gagner leur vie et de s'occuper en dehors des moments/temps qu'ils passent à prier à l'église ou dans leur chambre. (*Alternative answer*: Ils travaillent pour gagner leur vie et pour s'occuper en dehors des moments qu'ils passent à prier à l'église ou dans leur chambre.)

c Il fait de l'orgue: Il travaille les morceaux qu'il doit jouer au cours de la liturgie; ensuite il retourne chez lui pour lire le courrier.

d Le matin, ils travaillent pendant deux heures quarante-cinq minutes.

e On peut se retrouver dehors pour marcher ou pour parler ensemble, ou bien on peut se retrouver dans la salle de communauté; le dimanche, pour prendre le café, en semaine, pour lire les journaux ou parler ensemble des événements de la vie monastique.

f Oui, il a des frères et des soeurs et dix-neuf neveux. Il a aussi ce qu'il appelle sa nouvelle famille, c'est à dire les moines de Ligugé.

2

Tout d'abord, je me lève le premier/la première à sept heures et demie.
Puis je réveille les enfants.
Ensuite je prépare le petit déjeuner – il y a du thé, du café, du pain et des croissants.
Après cela, j'emmène les enfants à l'école en voiture.
En revenant de l'école, je fais mes courses; je vais à la boucherie, à la crémerie, au supermarché, et à la boulangerie.
Puis je prépare le déjeuner et ensuite je fais la vaisselle.
L'après-midi ou bien je vais chez le coiffeur ou bien je lis, ou bien j'écoute la radio.
Ensuite à cinq (dix-sept) heures je vais en voiture à l'école chercher les enfants.
Puis je prépare le dîner et je fais encore la vaisselle.
Le soir, ou bien je regarde la télévision, ou bien je lis le journal.
Je me couche enfin à minuit.

3

Il/elle se lève à six heures et demie.
Il/elle prend un bain et écoute la radio.
Il/elle prend son petit déjeuner – du café, du pain, du beurre et de la confiture.
Il/elle part en bus à sept heures et demie.
Il/elle arrive à l'usine à huit heures.
Il/elle mange à la cantine entre midi et une (treize) heure(s).
Il/elle termine son travail à six (dix-huit) heures, et va en bus au café pour prendre l'apéritif.
Le soir il/elle regarde la télévision.
Il/elle se couche à onze (vingt-trois) heures.

4

There is a choice of answer but we suggest:

a Je me lève à sept heures ou à huit heures le matin et je fais du sport. En général, je fais de la course à pied. Je déjeune en famille, et l'après-midi, ou bien je me promène à la campagne, ou bien je vais à la piscine. Je dîne chez des amis, et le soir je regarde la télévision.

b Ma fille se lève à midi, puis elle déjeune au restaurant en ville. L'après-midi, elle visite la région en voiture, puis elle dîne chez des amis, et le soir elle va au cinéma.

CHAPTER 9

1

1a Non, je déteste ça! (j'ai horreur de ça!)
 b J'adore (J'aime énormément/j'aime beaucoup) les oeufs-mayonnaise.
 c Je prends un steak-frites, j'aime beaucoup ça!
 d Ah oui, j'adore les glaces.

2a Ah non, je n'aime pas du tout ça. (j'ai horreur de ça/je déteste ça!) Je préfère la salade de tomates.
 b Non, j'ai horreur de ça, mais j'adore la côte de veau purée.
 c Je n'aime pas tellement ça; je préfère du fromage.

3a Je n'aime pas tellement ça.
 b Oui, j'aime ça.
 c Le poulet–petits pois, j'aime bien ça.
 d Du fromage, j'aime ça.

4 Un oeuf-mayonnaise (J'aime ça mais je déteste le pâté de campagne); un poulet-petits pois (j'adore ça mais je n'aime pas tellement la côte de veau purée) Ensuite je prends des fruits parce que je déteste les glaces.

2

Oui, mais l'inconvénient, c'est qu'on ne peut pas jouer au tennis et qu'il n'y a ni théâtre, ni cinéma.
Oui, mais l'inconvénient, c'est que les hôtels sont trop chers et qu'il n'y a pas de monuments à visiter.
Oui, mais l'inconvénient, c'est qu'il y a trop de monde, qu'il n'y a pas de théâtre, qu'il n'y a pas de monuments à visiter, et qu'on ne peut pas jouer au tennis.
Oui, mais l'inconvénient, c'est que les hôtels sont trop chers, qu'il y a trop de monde, qu'il n'y a ni cinéma, ni théâtre, qu'on ne peut pas pêcher ni jouer au tennis.
C'est formidable! Voilà ce qu'il me faut! J'y vais!

3

Non, je suis anglais(e).
Non, c'est la troisième fois que je viens ici.
Oui, c'est très agréable, mais à mon avis, l'inconvénient, c'est qu'il y a trop de voitures dans les rues, qui sont trop étroites. (qui ne sont pas faites pour l'automobile.)
J'adore (j'aime beaucoup) aller au musée du Louvre et dans les librairies, et j'adore manger au restaurant; j'aime bien m'asseoir dans des cafés et écouter les gens parler.
Un thé au lait, s'il vous plaît.
Je n'aime pas les boissons alcoolisées.

4

Non, merci, je déteste (je n'aime pas du tout) le jambon.
Oui, peut-être, mais je n'aime pas beaucoup le jambon français.
A mon avis (pour moi/de mon point de vue/je pense que) le jambon anglais est le meilleur du monde.
Je suis britannique, enfin, gallois.
Merci, mais l'inconvénient du français, c'est qu'il y a trop de verbes difficiles.
J'aime beaucoup (j'apprécie beaucoup/j'adore/j'aime énormément) la campagne et les Châteaux de la Loire.

CHAPTER 10

1

1   (François Parat): J'ai pris un apéritif avec des amis au Café de la Place entre midi et midi et demi, puis je suis allé déjeuner chez moi, et j'ai acheté un steak en rentrant. Je suis retourné au travail à deux heures (de l'après-midi).

2   (Marc Bardet): J'étais de service au garage où je travaille. J'ai changé le pneu d'une voiture immatriculée quatre cent quatre-vingt TC quatre-vingt-six. J'ai pris un petit verre au Café de la Porte de Paris, et après, je suis revenu directement au garage.

3   (Sébastien Chapot): Je suis allé avec des amis à la piscine. Nous y sommes restés jusqu'à deux heures moins le quart. Et puis, je suis revenu au travail en voiture.

4   (Marie-Ange Gorgeon): Comme d'habitude, je suis allée au bar de la piscine prendre un sandwich et un café (pour manger un sandwich et boire un café), mais la piscine était fermée. J'ai donc pris l'autobus jusqu'au centre-ville et je suis allée chez le coiffeur.

C'est Sébastien Chapot qui ment! (*la piscine était fermée*).

2

a   1 Quand êtes-vous partie? 2 Pour combien de temps? 3 Où êtes-vous allée?; 4 Qu'est-ce que vous avez fait?; 5 Qui avez-vous rencontré?; 6 C'était comment? (Comment était-ce?)

b   (Anne-Marie): En août, j'ai passé deux semaines à Chamrousse, près de Grenoble. J'ai fait beaucoup de promenades, j'ai souvent regardé la télévision et quelquefois j'ai joué aux cartes. J'ai rencontré un homme d'affaires allemand qui était très sympathique, et une actrice anglaise qui était très agréable. C'était formidable, mais fatigant.

c   (Jeanne): Il y a quinze jours, j'ai passé dix jours chez des amis à Paris. Je suis allée plusieurs fois au concert et au cinéma, une fois (seulement) au théâtre, et j'ai aussi vu la Tour Eiffel. J'ai rencontré un ingénieur américain et un garagiste poitevin (qui habite Poitiers). C'était très agréable.

3

Bonjour, Monsieur/Madame.
Je n'aime pas beaucoup ça, mais d'accord.
J'ai dormi toute la journée.
J'ai eu une panne de voiture. Je suis allée au garage.
Je suis allée à la banque.
J'ai fait quelques courses. J'ai acheté des fruits et des légumes.
Je suis rentrée à la maison à six heures du soir.
Je n'ai rien mangé mais j'ai pris un bain. Je suis allée au lit et j'ai lu 'À la recherche du temps perdu'.

4

J'ai téléphoné à Angela, je suis allé(e) à la bibliothèque (municipale), j'ai fait mes courses à la Coop où j'ai acheté du beurre, des oeufs, du fromage, je suis allé(e) à la banque, j'ai révisé le chapitre neuf de *Sur le vif*, j'ai écrit à ma tante Ursula, j'ai acheté une bouteille de Saint-Raphaël, et j'ai invité John à prendre un verre.

5

1 suis rentrée 2 ai 3 écrit 4 prie 5 ai eu 6 est venue 7 sont 8 repartis 9 ai rencontré 10 a 11 changé 12 allez 13 espère.

Numbers

1 un, une	30 trente
2 deux	31 trente et un
3 trois	32 trente-deux
4 quatre	40 quarante
5 cinq	50 cinquante
6 six	60 soixante
7 sept	70 soixante-dix
8 huit	71 soixante et onze
9 neuf	72 soixante-douze
10 dix	73 soixante-treize
11 onze	77 soixante-dix-sept
12 douze	80 quatre-vingts
13 treize	81 quatre-vingt-un
14 quatorze	82 quatre-vingt-deux
15 quinze	90 quatre-vingt-dix
16 seize	91 quatre-vingt-onze
17 dix-sept	99 quatre-vingt-dix-neuf
18 dix-huit	100 cent
19 dix-neuf	101 cent un
20 vingt	
21 vingt et un	200 deux cents
22 vingt-deux	201 deux cent un
23 vingt-trois	220 deux cent vingt
24 vingt-quatre	
25 vingt-cinq	500 cinq cents
26 vingt-six	550 cinq cent cinquante
27 vingt-sept	
28 vingt-huit	1000 mille
29 vingt-neuf	2000 deux mille

Months of the year

janvier	juillet
février	août
mars	septembre
avril	octobre
mai	novembre
juin	décembre

Days of the week

lundi	vendredi
mardi	samedi
mercredi	dimanche
jeudi	

Possessive Adjectives

Subject pronoun	Singular		Plural
	masculine	feminine	masc. & fem.
je	mon	ma (mon, before a vowel)	mes
tu	ton	ta (ton, before a vowel)	tes
il/elle	son	sa (son, before a vowel)	ses
nous	notre		nos
vous	votre		vos
ils/elles	leur		leurs

Verbs
The present tense

Infinitive	ETRE	AVOIR	FAIRE	ALLER	AIMER	PRENDRE	BOIRE
je	suis	(j') ai	fais	vais	(j') aime	prends	bois
tu	es	as	fais	va	aimes	prends	bois
il/elle/on	est	a	fait	va	aime	prend	boit
nous	sommes	avons	faisons	allons	aimons	prenons	buvons
vous	êtes	avez	faites	allez	aimez	prenez	buvez
ils/elles	sont	ont	font	vont	aiment	prennent	boivent

The imperative

Infinitive:	To somebody you say **TU** to	To somebody you say **VOUS** to or to more than one person	To other(s) and including yourself
Ecouter	écoute!	écoutez!	écoutons!
Prendre	prends!	prenez!	prenons!
Faire (attention)	fais (attention)!	faites (attention)!	faisons (attention)!
Aller	va!	allez!	allons!
Venir	viens!	venez!	venons!

Reflexive verbs

Infinitive:	*s'*appeler – *s'*asseoir – *se* déplacer – *se* dépêcher – *se* lever – *s'*occuper . . .		
Present tense:	je	*m'* appelle	*me* lève
	tu	*t'* appelles	*te* lèves
	elle/il	*s'* appelle	*se* lève
	nous	*nous* appelons	*nous* levons
	vous	*vous* appelez	*vous* levez
	elles/ils	*s'* appellent	*se* lèvent

Some past participles of verbs appearing in 'Sur le vif'

(s')asseoir	*assis*	perdre	*perdu*	suivre	*suivi*
connaître	*connu*	plaire	*plu*	vendre	*vendu*
devoir	*dû*	prendre	*pris*	vivre	*vécu*
écrire	*écrit*	recevoir	*reçu*	voir	*vu*
lire	*lu*	savoir	*su*	vouloir	*voulu*

Pronouns

Subject	Reflexive	Direct object	Indirect object	Stressed
je	me	me	me	moi
tu	te	te	te	toi
il/elle	se	le/la/l'	lui	elle/lui
nous	nous	nous	nous	nous
vous	vous	vous	vous	vous
ils/elles	se	les	leur	elles/eux
Examples *je* pars	je *me* déplace	(tu regardes *Claude*)	(Je dis *à Claude*)	(Vous êtes parti avec *les Martin?*)
elles partent	nous *nous* levons	tu *la* regardes	Je *lui* dis	Vous êtes parti avec *eux?*

Order/Position

Je montre *la voiture à Jacques*. Je *la lui* montre.
Je donne *les jouets aux enfants*. Je *les leur* donne.

Object pronouns are all placed between the subject and the verb. (but not with the imperatives)

with the negative: Je ne *les leur* donne jamais.

with the imperative: Donnez-*les leur*/
Donne-*les leur*/Donnez-*le lui*.

Vocabulary

The English translations apply to the words *as they are used in the texts.*
Adjectives are normally given only in the masculine form with feminine ending in brackets.
For more information on agreement of adjectives see p. 39.
Verbs marked (E) form the perfect tense with *être.*
For verbs marked * see the verb list on p. 115 for the past participle.
Abbreviations: *m* masculine; *f* feminine; *pl* plural.

A

abandonner *to give up*
l' abbaye (*f*) *abbey*
absolument *absolutely*;
    absolument pas *definitely not*
l' accueil (*m*) *reception*
acheter *to buy*
actuel(le) *immediate, present*
actuellement *now, at the moment*
l' adjoint (au maire) (*m*) *deputy mayor*
s'adonner à (E) *to devote oneself to*
adorer *to love*
agréable *pleasant*
aider *to help*
ailleurs *elsewhere*
aimer *to like*
à l'aise *at home*
ajouter *to add*
l' alcool (*m*) *alcohol*
allemand(e) *German*
aller (E) *to go*
alors *then*
l' amande (*f*) *almond*
l' ambiance (*f*) *atmosphere*
l' ami(e) (*m* or *f*) *friend*
l' an (*m*) *year*
ancien(ne) *old, historic*
anglais(e) *English*
animé(e) *lively*
l' année (*f*) *year*
l' anniversaire (*m*) *anniversary, birthday*
l' appartement (*m*) *flat*
appartenir à *to belong to*
appeler *to call*
s'appeler (E) *to be called*; comment tu t'appelles? *what's your name?*
apprécier *to like*
après *after*; après quoi *after which*
l' après-midi (*m*) *afternoon*

l' argent (*m*) *money*
arrêter *to stop*
l' arrivée (*f*) *arrival*
arriver (E) *to arrive*
*s'asseoir (E) *to sit down*
assez *quite, enough*
attendre *to wait for*; attendez! *just a minute!*
attention: faire attention *to take care*
aujourd'hui *today*
aussi *also*
autour *around*
autre *other*
autrefois *in the past*
autrement *otherwise*
avant *before*
l' avantage (*m*) *advantage*
avec *with*
l' avion (*m*) *aircraft*
l' avis (*m*) *opinion*; à mon avis *in my opinion*

B

la bague *ring*
le bain *bath*
la baisse *decline* (*in numbers*)
le balayage *sweeping*
le ballon *ball*
la banane *banana*
barré(e) *closed*
le barreau *rail, bar*
bas(se) *low*
le bateau *boat*
le bâtiment *building*
battre *to beat*
beau (*f* belle) *beautiful*
beaucoup *a lot*; beaucoup de monde *a lot of people*

le beignet *fritter*; les beignets aux pommes *apple fritters*
la belle-fille *daughter-in-law*
la belle-mère *mother-in-law*
la bibliothèque *book case (see p. 41)*
bien *well*; eh bien! *well (now)!*
la bière *beer*; la bière pression *draught beer*
le billet *ticket (see p. 30)*
blanc (*f* blanche) *white*; le blanc en neige *beaten egg white*
bleu(e) *blue*
boire *to drink*
le bois *wood*
la boisson *drink*
bon(ne) *good*
bouclé(e) *curly*
le boulanger *baker*
le bras *arm*
le brasero *charcoal brasier*
britannique *British*
brodé(e) *embroidered*
brun(e) *dark, brown*
le bureau *desk, office*; le bureau de renseignements *information office*; le bureau de tabac *tobacconist's*
le but *aim*

C

ça *that*
le cadeau *present*
le cadre supérieur *executive*
le café *coffee, café*; le café crème *white coffee, black with cream*
le/la camarade *friend*
le camion *lorry*
la campagne *countryside*
le canapé *sofa*
la capitale *capital*
car *for, because*
le car *coach*
carré(e) *square*
casser *to break*
à cause de *because of*
ce (*f* cette) *this; that*
célèbre *famous*
célébrer *to celebrate*
celui-ci (*f* celle-ci) *this one (see p. 61)*
celui-là (*f* celle-là) *that one (see p. 61)*
c'est-à-dire *in other words*
chacun(e) *each one*
la chaise *chair*
la chambre *bedroom, room*
changer *to change*
chanter *to sing*

chaque *every*
charmant(e) *charming*
la chasse *hunting*
le chasseur *hunter*
le château *castle*
chatouiller *to tickle*
chaud(e) *hot*
le chauffage *heating*
le chauffeur *driver*
la chaussette *sock*
la chaussure *shoe*
le chef de publicité *chief of publicity*
le chemin *way*; demander son chemin *to ask the way*
la chemise de nuit *nightdress*
chercher *to fetch, to look for, to seek*
le cheval *horse*; le cheval à bascule *rocking horse*
les cheveux (*m pl*) *hair*; les cheveux bruns *dark hair*; les cheveux demi-longs *shoulder length hair*; les cheveux bouclés *curly hair*
le chien *dog*
choisir *to choose*
le choix *choice*
le chômeur *unemployed man*
choquer *to shock*
la chose *thing*; autre chose *something else*; quelque chose *something*
clair(e) *light*
le client (*f* la cliente) *customer*
le coiffeur (*f* la coiffeuse) *hairdresser*
le/la collègue *colleague*
le coloris *colour, shade*
combien? *how many?*
comme *as, like*; comme...? *what sort of...?*
commencer *to begin*
comment *how*; comment tu t'appelles? *what's your name?*
le commerçant *shopkeeper, shop assistant*
la commode *chest of drawers*
la communauté *community*
complaisant(e) *obliging*
compromettre *to jeopardise*
le concours *competition*
conduire *to drive*
*connaître *to know*
connu(e) *well-known*
le conseil *advice*
conseiller *to advise*
contenir *to contain*
content(e) *happy*
continuer *to continue*
corriger *to correct*; je corrige mes copies *I mark homework*

à côté *near*
le coton *cotton*
le coupable *the guilty party*
la coupe *cup* (*trophy*)
couper *to slice*
la cour (de l'école) *playground*
courant(e) *ordinary*
le coureur cycliste *competition cyclist*
le courrier *mail*
au cours de *during*
les courses (*f pl*) *shopping*
coûter *to cost*
croire *to think*
le cuir *leather*
cuire *to cook*; faire cuire *to cook*
la cuisine *kitchen*
le cuisinier *cook*
cultivé(e) *cultivated*
culturel(le) *cultural*
le cyclisme *cycling*

D

d'abord *first*
d'accord *in agreement*
dans *in*
la datte *date*
davantage *more*
debout *upright*; debout! *stand up!*
le début *beginning*
décidément *certainly*
décommandé(e) *not recommended*
décrire *to describe*
défaire *to undo*
dehors *outside, outdoors*; en dehors de
   vos heures de travail *outside your*
   working hours
le déjeuner *lunch*; le petit déjeuner *breakfast*
demander *to ask* (*for*)
le dentiste *dentist*
le départ *departure*
se dépêcher (E) *to hurry*
dépendre de *to depend on*
se déplacer (E) *to get around*
depuis *since* (*see p. 80*)
dernier (*f* dernière) *last*
derrière *behind*
descendre (E) *to go down/downhill*
la descente *descent*
se déshabiller (E) *to undress*
désirer *to want*
désolé(e) *very sorry*
détendre: cela me détend *I find it relaxing*
la détente *relaxation*
devant *in front of*

*devoir *to have to, to owe*
d'habitude *usually*
difficilement *with difficulty*
dire *to speak, to tell*
directement *straight*
le directeur *headmaster*
la distraction *amusement*
donc *so*
donner *to give*
se doper (E) *to take drugs*
dormir *to sleep*
doux (*f* douce) *sweet*
le droit *law*
tout droit *straight on*
droit(e) *right*; à droite *to the right*
durer *to last*; combien de temps dure
   le trajet? *how long does the journey*
   take?

E

l' eau (*f*) *water*
l' écharpe (*f*) *scarf*
l' échauffement (*m*) *warm-up*
les échecs (*m pl*) *chess*
l' école (*f*) *school*
écouter *to listen to*
*écrire *to write*
également *also*
l' église (*f*) *church*
l' électrophone (*m*) *record player*
l' élève (*m* or *f*) *pupil*
l' émaillerie (*f*) *enamel works*
embrasser *to embrace*
emmener *to take*
l' employé(e) (*m* or *f*) *clerk*
en: en face *opposite, across the road*; en
   général *mostly*; en panne *broken down*;
   en particulier *especially*; en principe *as a*
   rule; en rapport avec *in touch with*
encombré(e) *untidy*
encore *yet, still, again*
l' enfant (*m* or *f*) *child*
enfin *finally*; (*often used as interjection*
   '*well . . .!*')
enlever *to take off, remove*
énormément *very much indeed*
enrober *to coat*
enseigner *to teach*
ensemble *together*; dans l'ensemble *on*
   the whole
ensoleillé(e) *sunny*
ensuite *then*
entre *between*
l' entrée (*f*) *hall*

entrer (E) *to come in*
entretenir *to maintain, to keep clean*
l' entretien (*m*) *upkeep, maintenance*
environ *about*
aux environs de *on the outskirts of*
envoyer *to send*
épeler *to spell*
l' épicerie (*f*) *grocer's*
l' épicier (*m*) *grocer*
l' époque (*f*) *era*
épuisant(e) *exhausting*
l' espace (*m*) *space*
l' essence (*f*) *petrol*
l' esthétique (*f*) *aesthetics*
l' établissement (*m*): je suis la plus vieille de
    l'établissement *I'm the oldest one in the
    school* (see p. 19)
l' étage (*m*) *floor*
l' état (*m*) *condition*
l' été (*m*) *summer*
l' étiquette (*f*) *label*
à l'étranger (*m*) *abroad*
étroit(e) *narrow*
l' étudiant(e) *student*
l' événement (*m*) *event*
évidemment *obviously*
éviter *to avoid*
l' examen (*m*) *examination*
l' excès (*m*) *excess*
expliquer *to explain*

F

facile *easy*
la façon *manner*
faible *weak, small*
la faim *hunger*; avoir faim *to be hungry*
faire *to do*
la famille *family*
la farine *flour*
fatigant(e) *tiring*
fatigué(e) *tired*
le faubourg *suburb*
favoriser *to encourage*
la femme *woman, wife*
la fenêtre *window*
la fête *public holiday*
les fiançailles (*f pl*) *engagement*
la figue *fig*
la figure *face*
filer tout droit *to go straight ahead*
la fille *daughter, girl*
le fils *son*
la fin *end*
finir *to finish*

la fleur *flower*
la fleuriste *florist*
formidable *marvellous*
fort(e) *strong*
frais (*f* fraîche) *cool, fresh*
le français *French (language)*
français(e) *French*
fréquenter *to frequent*
le frère *brother*
frisé(e) *curly*
froid(e) *cold*
le fromage *cheese*
frotter *to rub*
fumer *to smoke*

G

gagner *to win*; gagner sa vie *to earn one's
    living*
le gant *glove*
le garagiste *garage-man*
garder *to keep, to look after*
la gare *station*
le gâteau *cake*
gauche *left*; à gauche *to the left*
le gendre *son-in-law*
généralement *usually*
les gens (*m pl*) *people*
gentil(le) *nice, kind*
le glaçon *ice-cube*
glisser *to slide*
le goût *taste*
goûter *to taste, to savour*
grand(e) *large, tall, great*
la grand'mère *grandmother*
le grec *Greek*
la grippe *influenza*
gris(e) *grey*

H

habiter *to live in*
l' habitué(e) (*m or f*) *regular customer*
habituellement *usually*
hésiter *to hesitate*
l' heure (*f*) *hour, time*; à quelle heure? *at
    what time? when?*
heureusement *luckily*
heureux (*f* heureuse) *happy*
l' histoire (*f*) *story*
l' hiver (*m*) *winter*
l' homme (*m*) *man*; l'homme d'affaires
    businessman
l' huile (*f*) *oil*
l' huître (*f*) *oyster*

I

ici *here*
immobiliser *to immobilize*
l' imprimerie (*f*) *printing works*
indiquer *to indicate, to show*
les informations (*f pl*) *news (see p. 81)*
l' ingénieur (*m*) *engineer*
inscrit(e) *indicated*
intéressant(e) *interesting*
l' intérêt (*m*) *interest*
l' invité(e) (*m* or *f*) *guest*

J

jamais *never*
la jambe *leg*
le jardin *garden*
le jaune (d'oeuf) *egg yolk*
le jeu *game*; les Jeux Olympiques *the Olympic Games*
jeune *young*; les jeunes (*m pl*) *young people*
joli(e) *pretty*
jouer *to play*; jouer aux cartes *to play cards*
le jouet *toy*
le joueur *player*
le jour *day, 24 hour period; daytime*
le journal *newspaper*
le journaliste *journalist*
la journée *day, daytime*
joyeux (*f* joyeuse) *happy*
le jumeau *twin (male)*; la jumelle *twin (female)*
le jus *juice*; le jus de fruit *fruit juice*
jusqu'à *until*
juste *just, exactly*
juteux (*f* juteuse) *juicy*

L

là *there*
le lacet *shoe lace*
le lait *milk*
large *wide*
le latin *Latin*
laver *to wash*
la légende *key*
léger (*f* légère) *lightweight*
le légume *vegetable*
lequel (*f* laquelle) *which (see p. 61)*
la lettre *letter*
leur *their (see p. 113)*
lever *to raise, to lift up*; se lever (E) *to get up*

le lieu *place*
la ligne *route*; les lignes intérieures *domestic flights*
*lire *to read*
le lit *bed*
la livre *pound*
le livreur de bagages *baggage handler*
loin *far*
le loisir *leisure*
long (*f* longue) *long*
la louange *praise*
lui *him*
les lunettes (*f pl*) *glasses*
luxueux (*f* luxueuse) *luxurious*

M

macérer *to soak*; faire macérer *to marinate*
le magasin *shop*
maigre *thin*
maintenant *now*
mais *but*
la maison *house*; à la maison *at home*
malheureusement *unfortunately*
la manche *sleeve*
manger *to eat*
la manière *way*
le manteau *coat*
la marchande *stall-holder*
marcher *to walk*; ça marchait assez bien *things were going quite well*
le mari *husband*
la marque *brand*
marron *chestnut-coloured*; le marron *chestnut (see p. 39/46)*
la matière *subject*
le matin *morning*
mauvais(e) *bad*
le mécanicien *mechanic*
la médaille *medal*
le médecin *doctor*
meilleur *better*
le mélange *mixture*
mélanger *to mix*
même *same (adjective)*; *even (adverb)*
mener *to lead*
la menthe *mint*
merci! *thank you!*
la mère *mother*
la messe *mass*
mesurer *to measure*
le métier *trade*
mettre *to put*
les meubles (*m pl*) *furniture*
le micro *microphone*

120

le midi *midday*
le mieux *best*
moi *me*
le moine *monk*
moins *less*
le mois *month*
le moment *moment*; à ce moment-là *at that time*
mon (*f* ma) *my* (*see p. 113*)
le monastère *monastery*
la moniale *nun*
monter *to go up/uphill*
montrer *to show*
se moquer de *to make fun of*
le morceau *piece*
le mot *word*; les mots croisés *crossword puzzle*
moulu(e) *ground*
mourir (E) *to die*
moyen(ne) *average*
les moyens (*m pl*) *means*
le mur *wall*
mûr(e) *ripe*

N

la naissance *birth*; la date de naissance *date of birth*
la nationalité *nationality*
né(e) *born*
néfaste *evil*
nerveux (*f* nerveuse) *highly strung, nervous*
le nettoyage *cleaning*
neuf (*f* neuve) *new*
le neveu *nephew*
le nez *nose*
le noeud *knot*
noir(e) *black*
la noisette *hazelnut*; noisette *hazel* (*see pp. 36/39*)
la noix *walnut*
le nom *name*
le nombre *number*; un nombre pair *an even number*; un nombre impair *an odd number*
notre *our* (*see p. 113*)
nouveau (*f* nouvelle) *new*; à nouveau *once again*
nu(e) *naked*

O

obéir *to obey*
obligé(e) *obliged*

occuper *to keep busy*; s'occuper (E) *to be busy*
l' oeuf (*m*) *egg*
l' office (*m*) *office*
offrir *to give; to offer*
l' oiseau (*m*) *bird*
l' omnibus (*m*) *stopping train*
l' oncle (*m*) *uncle*
onctueux (euse) *smooth*
l' ordre (*m*) *order*
l' oreille (*f*) *ear*
l' orgue (*m*) *organ*
ou *or*; ou . . . ou *either . . . or*
où *where*
oublier *to forget*
l' ouvrier (*m*) *workman*

P

le pain *bread*
le palais *palace*
le pamplemousse *grapefruit*
le pantalon *trousers*
le paquet *parcel*; un paquet cadeau *a gift-wrapped parcel*
par *by*; une fois par jour *once a day*
parce que *because*
pardon! *excuse me!*
parfumé(e) *perfumed*
parler *to talk*
partager *to share* (les avis sont partagés: *opinions differ*)
par terre *on the floor, on the ground*
participer à *to take part in*
particulièrement *especially*; une personne que vous connaissez particulièrement *someone you know very well*
la partie *section, part*
partir (E) *to go, to leave*; à partir de *from*
pas du tout! *not at all!*
le passager *passenger*
se passer (E) *to happen, to elapse*; l'après-midi se passe très vite *the afternoon goes by very quickly*
la pâte *dough; mixture*
le patron (*f* la patronne) *proprietor (proprietrix) of café, hotel*
payer *to pay*
le pays *country*
pêcher *to fish*
peler *to peel*
pendant *during*
penser *to think*
la perche *pole*
*perdre *to lose*

le père *father*; le père hôtelier *guest-master*
permettre *to enable*
peser *to weigh*
petit(e) *small, little*
peu *few*; à peu près *about*
la peur *fright*; avoir peur de *to be scared of*
le philosophe *philosopher*
le photographe *photographer*
la pièce *room, item*
le pied *foot*; à pied *on foot*
la place *square, seat*
*plaire *to please*
plaisant(e) *pleasant*
plaisanter *to joke*
le plaisir *pleasure*; avec plaisir! *with pleasure!*
la plante du pied *sole of the foot*
le plein *full tank (see p. 52)*
pleinement *completely*
pleuvoir *to rain*; il pleut *it's raining*
le plombier *plumber*
la plupart du temps *usually, most of the time*
plus *more*; de plus *what's more*
plusieurs *several*
plutôt *rather*
le point de vue *point of view*
le poisson *fish*
la pomme *apple*
le pompiste *petrol pump attendant*
le pont *bridge*
porter *to wear*
poser *to place*; poser une question *to ask a question*
pour *for*
pourquoi? *why?*
pouvoir *to be able*
pratiquement *practically*
préféré(e) *favourite*
préférence: de préférence *preferably*
préférer *to prefer*
premier (*f* première) *first*
*prendre *to have, to take*
le prénom *Christian name, first name*
près de *close to*
presque *almost*
prier *to pray*
la prière *prayer*
principal(e) *principal*
le prix *price*
proche *close*
le professeur *teacher*; le professeur de danse *dancing teacher*; le professeur de lettres *arts teacher*
la profession *profession*
la promenade *walk*

le promeneur *rambler*
proposer *to suggest, to offer*
propre *clean*
le psaume *psalm*
puis *then*
pur(e) *pure*

Q

quand *when*
le quart *quarter*; un quart d'heure *a quarter of an hour*
le quartier *neighbourhood*
quel(le)? *which? what?*
quelquefois *from time to time*
qui *who*
quitter *to leave*
le quotidien *daily newspaper*
quotidien(ne) *daily*

R

le raccommodage *mending*
raconter *to tell*
le rapide *fast train*
rapport; par rapport à *compared with*
les rapports (*m pl*) *relations*
rarement *seldom*
se rassembler (E) *to assemble*
*recevoir *to receive*
le réfectoire *refectory*
regarder *to look*
le régime *diet*
la région *region*
la règle *rule*
regretter *to regret, to miss*; je (le) regrette! *I'm sorry!*
relire *to read back*
remercier *to thank*
rencontrer *to meet*
le rendez-vous *meeting*
rendre *to give back*; rendre service à *to help*
se rendre (E) *to go*
se renseigner (E) *to get information about*
réparer *to repair*
repartir (E) *to leave*
le repas *meal*
la réponse *reply*
reprendre *to correct*
la représentation *performance*
respirer *to breathe*
rester (E) *to remain*
les restes (*m pl*) *remains*
retourner (E) *to go back*

le retraité *retired person*
retrouver *to rediscover*
se retrouver (E) *to meet again*
la réunion *meeting*
le rêve *dream*
revenir (E) *to return*
rien *nothing*
rieur: les yeux rieurs *laughing eyes*
rire *to laugh*; vous voulez rire! *you're joking!*
le roi *king*
la rose *rose*
rose *pink*
rouge *red*
la route *road*
roux (*f* rousse) *red*
la rue *street*

S

la saison *season*
le saladier *large bowl, salad bowl*
la salle *room, hall*; la salle de bains *bathroom*; la salle de communauté *common room*; la salle à manger *dining room*; la salle de séjour *living room*
le salon *living room*
sauf *except*
sauter *to jump, to vault*
sauvegarder *to protect*
*savoir *to know*
sec (*f* sèche) *dry*
second(e) *second*
le/la secrétaire *male/female secretary*
le seigneur *lord*
selon *according to*; selon Claude *in Claude's opinion*
la semaine *week*
séparé(e) *separate*
la série *series*
servir *to serve*
seul(e) *alone, only*
le siècle *century*
le siège *seat*
simplement *simply, merely*; tout simplement parce que *just because . . .*
le slip *pants*
la soeur *sister*
le soir *evening*
soit . . . soit *either . . . or*
solennel(le) *solemn*
le sommet *top*
son (*f* sa) *his, hers* (*see p. 113*)
le sondage *opinion poll* (*see p. 21*)

sortir (E) *to go/come out*
souvent *often*
le spectacle *show*
sportif (*f* sportive) *sporting*; vous êtes une grande sportive! *you're a great sportswoman!*
le steak-frites *steak and chips*
le sucre *sugar*
*suivre *to follow*
sûr(e) *certain*; bien sûr! *certainly! of course!*
surtout *above all*
sympathique *nice, friendly*

T

les taches de rousseur (*f pl*) *freckles*
la taille *stature, size*
tant *so much*; tant pis *too bad*
la tante *aunt*
taquiner *to tease*
tard *late*
le technicien *technician*
tellement *much*
temps: de temps en temps *from time to time*
tenir *to hold*
tenir compte de *to take into consideration*
terminer *to finish*; se terminer (E) *to finish*
la tête *head*
le thé *tea*
le théâtre *theatre*
tiède *warm*
le tiroir *drawer*
le tissage *weaving*
le tissu *textile*
tomber (E) *to fall*
ton (*f* ta) *your* (*see p. 113*)
toujours *always*
tout *everything*; tout à fait *completely*; tout simplement *just because*
tout(e) *all*
traiter *to treat*
le trajet *journey*
la tranche *slice*
tranquille *quiet, undisturbed*
le travail *work*
travailler *to work*
traverser *to cross*
très *very*
le tricot *knitting*; tricoter *to knit*
trop *too, too much*
trouver *to find*
tuer *to kill*

U

un (*f* une) *one*
l' usine (*f*) *factory*

V

les vacances (*f pl*) en vacances *on holiday*
la vaisselle *washing up*
le vase *vase*
le vélo *bicycle*
le vélomoteur *mo-ped*
*vendre *to sell*
venir (E) *to come*
la vente *sale*
le ventre *stomach*
les vêpres (*f pl*) *vespers*
la verdure *greenery*
le verre *glass*
vers *towards, about; around*
verser *to pour*
vert(e) *green*
les vêtements (*m pl*) *clothes*
la viande *meat*
la vie *life*
vieux (*f* vieille) *old*

la ville *town*; la ville universitaire *university town*
la vignette *Road Fund licence*
le vin *wine*
le virage *bend*
le visage *face*
vite *quickly*
*vivre *to live*
*voir *to see*
le voisin (*f* la voisine) *neighbour*
la voiture *car*
le volet *shutter*
volontiers! *willingly!*
votre *your* (see p. 113)
*vouloir *to want, to like*; vouloir dire *to mean*
voyager *to travel*
vraiment *really, definitely*

Y

les yeux (*m pl*) *eyes* (*sing.* l'oeil (*m*) *eye*); les yeux noisette (*see pp 36, 39*) *hazel eyes*; les yeux bruns *dark eyes*

Acknowledgment is due to the following for permission to reproduce illustrations:

AGENCE RAPHO market stall (photo Hervé Donnezan) page 18; Poitiers (photo Jacques Lang) page 35;
vineyard (photo Janine Niepce) page 72; Angles sur l'Anglin (photo Ciccione) page 85
BARNABYS PICTURE LIBRARY child in bath (photo Pierre Berger) page 48
CAMERA PRESS, LONDON footballers (photo I/N) pages 45 and 107
LA NOUVELLE REPUBLIQUE DU CENTRE – OUEST swimming pool, page 98
OFFICE DEPARTEMENTAL DU TOURISME DE LA VIENNE (photos A. Necer) airport, page 17 and monks, page 77
JEAN RIBIERE farm house and house in Périgord, both page 42; Poitiers, page 86
H. ROGER-VIOLLET Notre Dame La Grande, page 5; Palais des Ducs, page 89
THEOJAC EDITIONS REUNIES cloister at Ligugé, page 31

The remaining photographs were provided by the subjects or specially photographed for the BBC.

Acknowledgment is also due to the following:

CHAMBRE DE COMMERCE ET D'INDUSTRIE advertisement, page 21; timetable cover, page 22
COMITE NATIONAL OLYMPIQUE ET SPORTIF FRANÇAIS symbol, page 94
FRENCH NATIONAL RAILWAYS symbol, page 12
INTERNATIONAL WOOL SECRETARIAT advertisement, page 41